Esprit et Simulation

FEVZI H.

ESPRIT ET SIMULATION

Notre Perception de la Réalité est-elle une Illusion?

2025

Esprit et Simulation

Fevzi H.

CONTENU

À propos de l'auteur

Je suis Fevzi H. , un penseur et auteur possédant des connaissances approfondies dans les domaines de la science et de la philosophie, explorant des concepts multidisciplinaires. En questionnant les frontières entre les mondes physique et métaphysique, je suis sur un chemin intellectuel pour comprendre la nature universelle de la conscience. Depuis des années, je fais des recherches sur des sujets tels que la conscience, la mécanique quantique, les univers parallèles et l'intelligence artificielle, combinant des théories scientifiques avec des approches philosophiques pour approfondir les complexités de l'esprit humain.

Dans mes écrits, je présente des idées radicales sur la nature de la conscience et sa connexion avec l'univers. En examinant non seulement les données scientifiques mais aussi l'héritage intellectuel de l'humanité, je souhaite offrir à mes lecteurs de nouvelles perspectives. Mon style d'écriture s'articule autour de la simplification de théories complexes et de l'utilisation d'un langage qui encourage une réflexion approfondie.

Chacune de mes œuvres invite le lecteur à faire un pas de plus vers la découverte des mystères de l'univers et de la conscience. En fusionnant la pensée scientifique moderne avec la recherche philosophique, j'offre des perspectives innovantes et stimulantes sur la nature de la conscience et ses connexions universelles.

Avant-propos

La nature de la réalité est l'une des questions les plus profondes et les plus déroutantes de l'humanité. Existe-t-on vraiment de la manière dont nous percevons la réalité, ou notre expérience de la réalité n'est-elle qu'une illusion ? Le monde que nous présentent nos sens est-il une représentation fidèle de la vérité, ou est-ce une simulation sophistiquée élaborée par notre cerveau ? Des philosophes de l'Antiquité aux physiciens quantiques modernes, cette recherche a façonné les fondements mêmes de notre compréhension.

Ce livre rassemble plusieurs disciplines pour explorer les limites de la perception, de la conscience et de l'univers lui-même. S'appuyant sur la philosophie, les neurosciences, la physique quantique et l'intelligence artificielle, il explore les mystères de l'existence et la possibilité que ce que nous appelons la « réalité » puisse être quelque chose de bien plus complexe que nous le supposons.

À travers le prisme de penseurs comme Platon, Descartes, Berkeley et Bostrom, nous examinons les perspectives philosophiques sur la nature de la réalité et la possibilité que nous vivions dans une simulation. En même temps, nous explorons les dernières découvertes scientifiques, des principes étranges de la mécanique quantique à la capacité du cerveau à façonner la perception et aux implications de l'intelligence artificielle dans la création de nouveaux mondes simulés.

Si nous vivons dans une simulation, qu'est-ce que cela signifie ? L'univers est-il une construction mathématique, régie par des codes et des algorithmes ? Notre cerveau ne se contente-t-il pas de vivre une simulation, mais génère-t-il également la sienne ? Et la question la plus intrigante de toutes est peut-être la suivante : si nous sommes dans une simulation, existe-t-il un moyen de nous en échapper ?

Ce livre est un voyage intellectuel à l'intersection de la science, de la philosophie et de la technologie, conçu pour ceux qui cherchent à repousser les limites de leur compréhension. Soyez prêt à repenser tout ce que vous savez, car la réalité n'est peut-être pas aussi réelle qu'elle le paraît.

CHAPITRE 1

Les fondements de notre perception de la réalité

1.1 Qu'est-ce que la réalité ? La frontière entre perception et vérité

La réalité est l'un des éléments fondamentaux de notre vie ; elle constitue la muse sur laquelle repose tout ce qui existe et l'espace dans lequel nous existons et vivons. Cependant, ce concept a été au cœur de la recherche philosophique tout au long de l'histoire de l'humanité. Qu'est-ce que la réalité ? La réalité est-elle l'essence de tout, ou sommes-nous simplement ancrés dans une illusion ? Ces questions ont été examinées à la fois sous l'angle philosophique et scientifique, ce qui a conduit au développement de nombreux points de vue. La frontière entre vérité et perception est essentielle à cette connaissance.

En termes philosophiques, la réalité est parfois utilisée pour désigner le monde objectif, mais elle peut aussi être définie comme un ensemble formé par la notion. Pour préciser de quel type de réalité nous parlons, nous devons d'abord clarifier le sens du mot « réalité ». La réalité est généralement comprise comme la vie d'éléments extérieurs, indépendamment de la notion humaine. Ces entités sont censées exister indépendamment de notre perception d'elles. Cependant, l'interprétation objective de la réalité permet-elle de faire la distinction entre perception et réalité ?

Les modes de vie des phénomènes physiques, notamment la Terre, le système solaire, les galaxies et la forme de l'univers, peuvent être confirmés par des observations cliniques. Ces phénomènes suggèrent la vie d'un monde au-delà de la portée humaine. Cependant, la question de savoir s'il n'existe qu'une seule forme de réalité reste plus complexe. La réalité est-elle une construction absolue consacrée par le temps ou est-ce une forme formée par les perceptions de chaque individu ?

La perception est l'expérience la plus proche de la vérité. Cependant, la croyance est une technique personnelle et subjective. Nos sens reçoivent des informations du monde extérieur, qui sont ensuite interprétées et comprises par le cerveau. Mais l'exactitude de notre perception dépend de la façon dont notre cerveau aborde les enregistrements sensoriels. En d'autres termes, la réalité extérieure est reconstruite dans notre esprit par des processus spécifiques dans notre cerveau.

Notre cerveau ne comprend pas seulement les informations transmises par nos sens, mais les combine également avec nos connaissances antérieures, nos connaissances culturelles et nos idéaux personnels. De cette façon, une personne peut également apprécier la vérité d'une manière différente de celle d'une autre, car la croyance varie en fonction de la structure cérébrale, de l'état émotionnel et de l'histoire de chaque personnage.

Par exemple, une personne qui se trouve sur une route urbaine bondée et bruyante peut également percevoir le chaos d'une manière unique. Pour elle, le groupe peut aussi sembler être un désordre et une confusion, alors que pour une autre personne, ce cas pourrait simplement être un élément de la vie quotidienne. Ces différences mettent en évidence le caractère subjectif de la perception et montrent que chaque personne perçoit la réalité d'une manière totalement différente.

La vérité est généralement comprise comme un fait objectif. Elle se compose d'entités immuables telles que les lois de la nature, les vérités mathématiques ou les normes standard qui existent indépendamment du temps et de l'espace. En termes philosophiques, la vérité désigne ce qui s'aligne sur la « vérité » ; en d'autres termes, la vérité est conforme à la vérité. Cependant, la remise en question des modes de vie de la vérité est depuis longtemps un sujet de discussion en philosophie.

De nombreux philosophes ont soutenu que la réalité existe au-delà de la perception humaine. Platon recherchait les faits dans le domaine des idéaux et recommandait que le monde corporel ne devienne qu'une ombre de ce fait supérieur. Cet angle constitue un point de départ essentiel pour réfléchir à la nature des faits et à la connaissance, à la structure limitée de la connaissance humaine. Selon Platon, les faits existent davantage dans le domaine intellectuel que dans le monde extérieur.

D'un autre côté, le célèbre dicton de Descartes « Je suppose, donc je suis » considère la réalité comme un processus de vérification individuelle. Descartes doutait de la vie du monde corporel mais affirmait la compréhension de l'esprit. Cette approche présente la perception comme une technique intellectuelle qui permet à un individu d'accéder à la réalité.

La frontière entre croyance et réalité est importante pour comprendre comment ces deux normes interagissent et se façonnent mutuellement . Alors que la réalité est souvent perçue comme un reflet de la croyance, la vérité reste une notion plus profonde. La conscience humaine ne peut pas accéder immédiatement à la vérité, mais elle tente d'interpréter et de faire l'expérience du monde extérieur à travers la croyance.

Dans ce contexte, la réalité est souvent perçue comme une vérification objective, mais comme les perceptions de la réalité varient d'une personne à l'autre, la vérité prend une signification différente pour chaque individu. Par exemple, un scientifique peut mener des expériences pour identifier la nature du monde physique, tandis qu'un artiste peut également chercher à exprimer la vérité en termes sensoriels et esthétiques. Tous deux recherchent la vérité, mais chacun suit un chemin différent, et chaque chemin révèle une facette unique de la réalité.

La nature de la réalité est une énigme qui a été abordée à la fois sous l'angle philosophique et médical. La perception joue un rôle essentiel en tant que notre perception la plus proche de la réalité, alors que la réalité représente des idées immuables et habituelles. La frontière entre les deux peut souvent être mince et ambiguë. Notre esprit ne perçoit la réalité que de manière limitée, et cette perception consiste en une vérité unique pour chaque personne.

En fin de compte, même si la vérité peut rester une réalité définie dans le monde extérieur, la croyance et la réalité sont des constructions privées et sociétales qui peuvent être constamment remises en question. Ce processus nous conduit à une connaissance plus approfondie de la nature de la réalité, tant au niveau de la nature que de la réalité.

1.2 Le cerveau et le traitement de l'information : le lien entre le monde extérieur et notre esprit

L'esprit est l'un des organes les plus complexes et les plus essentiels du corps humain, servant de centre de contrôle pour toutes les capacités cognitives, des processus de base de maintien de la vie aux aspects les plus avancés de la croyance, du raisonnement et de l'attention. Notre connaissance du monde qui nous entoure n'est pas seulement constituée de nos histoires sensorielles, mais aussi de la capacité complexe de l'esprit à traiter, interpréter et intégrer ces informations.

de données à la pointe de la technologie . Il reçoit des informations du monde extérieur par l'intermédiaire d'organes sensoriels, notamment les yeux, les oreilles, le nez et la peau, qui convertissent les stimuli corporels en signaux électriques pouvant être interprétés par le cerveau. Le cerveau analyse ensuite ces signaux, les combine avec des rapports et des souvenirs antérieurs et génère une représentation cohérente des faits.

Le système nerveux central joue un rôle important dans ce processus. Lorsque la lumière pénètre dans l'œil, elle est réfractée sur la rétine, où des cellules spécialisées (photorécepteurs) convertissent la lumière en signaux électriques. Ces signaux traversent le nerf optique jusqu'au cortex visuel, qui traite les enregistrements visuels et contribue à la création de l'image que nous percevons. De même, les sons sont captés par les oreilles et transformés en signaux électriques qui sont envoyés au cortex auditif pour interprétation.

Cependant, ces informations sensorielles ne sont pas transmises sous leur forme brute. L'interprétation des informations sensorielles par le cerveau est motivée par des processus cognitifs tels que l'attention, l'attente, l'émotion et la compréhension préalable. C'est ce qui nous permet de créer un modèle intellectuel de l'environnement qui nous entoure, dans lequel nous percevons et réagissons aux objets, aux personnes et aux situations d'une manière qui n'est pas seulement utile mais aussi significative pour nous.

Nos structures sensorielles nous fournissent des informations importantes sur le monde extérieur, mais c'est le cerveau qui est chargé de donner un sens à ces informations. Par exemple, lorsque nous touchons un objet chaud, notre peau détecte le changement de température et les neurones sensoriels transmettent ces informations à la moelle épinière, qui transmet ensuite le signal au cerveau. Le cerveau traite ces informations, les compare aux rapports précédents et enregistre la sensation de douleur. Ce processus se déroule si rapidement que nous le percevons souvent comme une réaction continue et immédiate.

Mais la perception ne se limite pas aux informations brutes que nous recevons de nos organes sensoriels ; elle concerne également la manière dont le cerveau organise et interprète ces statistiques. Le cerveau fait constamment des prédictions sur le monde en se basant sur des informations externes. Ces prédictions l'aident à traiter les informations sensorielles avec plus de précision. Ce phénomène est appelé codage prédictif et il permet au cerveau de générer des réponses rapides au monde sans avoir à traiter chaque élément d'informations en temps réel.

Par exemple, lorsque nous voyons un objet s'approcher de nous, le cerveau utilise les informations qui le précèdent pour anticiper la trajectoire de l'objet et modifier nos réponses en conséquence. Ce processus prédictif ne se limite pas toujours à de simples réflexes mais s'étend à des capacités cognitives complexes, notamment la compréhension du langage et les interactions sociales.

L'une des caractéristiques les plus incroyables du cerveau est sa capacité à combiner des informations provenant de modalités sensorielles spécifiques en une perception unifiée de la scène. Cette intégration multisensorielle nous permet de créer une version mentale cohérente de la réalité, même si les informations que nous obtenons de différents sens sont traitées dans des zones distinctes du cerveau.

Par exemple, lorsque nous regardons quelqu'un parler, nous intégrons les données visuelles (y compris les mouvements des lèvres) dans le cortex visuel et les données auditives (comme les sons) dans le cortex auditif. Le cerveau intègre ensuite ces sources d'informations pour générer une perception de la parole qui combine les composantes visuelles et auditives. Cette intégration n'est pas toujours idéale et, parfois, le cerveau se base plus étroitement sur une expérience que sur une autre, par exemple lorsque nous pouvons néanmoins appréhender un échange verbal dans un environnement bruyant en nous appuyant davantage sur des indices visuels.

Il est intéressant de noter que l'esprit peut également intégrer des informations provenant de modalités sensorielles exclusives, même lorsqu'il existe une divergence entre elles.

Fevzi H.

Cela est évident dans les situations où des illusions ou des perceptions erronées se produisent. Par exemple, l'effet McGurk est un phénomène dans lequel des stimuli visuels et auditifs contradictoires (y compris une vidéo de quelqu'un disant une phrase tandis que l'audio en dit une autre) provoquent un fantasme perceptif dans lequel l'auditeur entend quelque chose de totalement différent de ce qui est réellement dit. Cela indique comment le cerveau peut être stimulé par le mélange d'enregistrements multisensoriels et comment le monde extérieur est formé par ce processus.

Si les informations sensorielles sont à l'origine de notre connaissance du monde extérieur , ce sont les processus cognitifs de l'esprit qui affinent et organisent ces informations en histoires cohérentes. Les tactiques cognitives, notamment l'intérêt, la mémoire et le raisonnement, interviennent dans la manière dont nous interprétons et attribuons un sens aux informations sensorielles que nous recevons. Ces approches aident également l'esprit à filtrer et à hiérarchiser les faits, nous permettant de nous concentrer sur ce qui est le plus pertinent pour notre expérience immédiate.

Par exemple, l'intérêt joue un rôle crucial dans la détermination des informations qui sont transmises à la conscience consciente. Le cerveau est bombardé d'une quantité impressionnante de données sensorielles, mais l'attention nous permet de nous concentrer sur certains aspects de l'environnement tout en filtrant les stimuli inappropriés. Ceci est illustré par l'effet cocktail, dans lequel nous pouvons reconnaître une conversation dans une pièce bruyante, malgré la présence d'autres sons concurrents. La mémoire joue également un rôle clé dans notre création d'informations, car le cerveau met constamment à jour et affine sa version de l'environnement en fonction de nouvelles informations.

Le raisonnement et la capacité à résoudre des problèmes contribuent également à la façon dont nous percevons le monde. Le cerveau analyse et évalue en permanence les statistiques entrantes, fait des prédictions sur les événements futurs et formule des réponses. Ces processus cognitifs sont importants pour s'adapter à un monde dynamique et faire des choix en fonction de notre connaissance des rapports passés.

En fin de compte, le traitement des données par le cerveau aboutit à la conscience, l'expérience subjective d'être conscient de nous-mêmes et de l'environnement qui nous entoure. La conscience est un phénomène complexe qui naît de l'activité du cerveau, en particulier dans les régions corticales de haut niveau. Le cerveau intègre des informations provenant de modalités sensorielles, d'états émotionnels et de stratégies cognitives différents pour fournir un flux d'attention unifié.

Malgré de nombreuses recherches, la nature exacte de la conscience reste l'un des mystères les plus profonds de la science. Bien que nous ayons une compréhension moderne des mécanismes neuronaux impliqués dans la perception et la cognition, la question de la manière dont le cerveau génère l'expérience subjective reste largement sans réponse. Cette énigme a donné lieu à plusieurs théories, allant de l'idée que la conscience provient de circuits neuronaux spécifiques à la possibilité qu'elle soit un aspect fondamental de l'univers, au même titre que l'espace et le temps.

L'esprit joue un rôle important dans la façon dont nous percevons la réalité. Grâce à sa capacité à traiter et à combiner des statistiques du monde extérieur, le cerveau construit un modèle de l'espace que nous percevons comme réel. Cependant, ce système n'est pas une simple image miroir de la réalité objective. L'interprétation des faits sensoriels par le cerveau s'inspire de procédures cognitives, d'études antérieures et d'attentes, ce qui conduit à une création subjective et dynamique des faits.

Notre perception du monde n'est pas toujours une réception passive de stimuli externes, mais un processus actif dans lequel le cerveau met constamment à jour sa représentation du monde en fonction de nouvelles informations. Cette approche met en évidence la nature complexe et interconnectée de la relation entre le monde extérieur , le cerveau et la connaissance. Comprendre cette relation est essentiel pour percer les mystères de la croyance, de la cognition et de la nature même de la vérité.

1.3 Illusions sensorielles : le cerveau nous présente-t-il la vérité ?

Nos structures sensorielles, qui comprennent la vue, l'ouïe, le toucher, le goût et l'odorat, sont le principal moyen par lequel nous interagissons avec le monde qui nous entoure et le percevons. Ces sens nous permettent de comprendre les stimuli extérieurs, en fournissant les informations brutes que le cerveau utilise pour assembler une version cohérente de la réalité. Cependant, la perception sensorielle n'est pas toujours une représentation exacte de la réalité objective. En fait, notre cerveau crée souvent des illusions – des perceptions déformées du monde – qui faussent notre perception de ce qui est réel.

Les illusions sensorielles se produisent lorsque le cerveau interprète mal les informations fournies par nos sens, ce qui conduit à une perception qui ne correspond pas aux propriétés réelles du monde extérieur. Ces illusions ne sont pas nécessairement des erreurs ou des défauts systémiques dans les structures sensorielles ; elles mettent plutôt en évidence les processus complexes impliqués dans la perception et la manière dont le cerveau construit activement notre perception de la réalité. Les illusions montrent que nos structures sensorielles ne transmettent pas passivement des informations brutes au cerveau, mais traitent et interprètent activement ces informations, souvent sur la base d'études antérieures, d'attentes et de statistiques contextuelles.

Fevzi H.

Par exemple, les illusions visuelles, notamment la célèbre illusion de Müller-Lyer, montrent comment notre cerveau peut être amené à percevoir des lignes comme étant de longueurs différentes, même si elles sont identiques. Le cerveau utilise des indices contextuels, notamment la direction des flèches aux extrémités des lignes, pour déduire l'intensité et l'angle, mais cela conduit à une perception déformée de la taille. De même, l'illusion de la « robe », où les humains voient une robe à la fois blanche et dorée ou bleue et noire selon leur perception, montre comment les cerveaux de différentes personnes peuvent interpréter les mêmes enregistrements sensoriels de manières extrêmement différentes.

Le phénomène des illusions auditives montre également la tendance du cerveau à faire des suppositions sur le terrain. Le « ton du berger » est une illusion auditive qui crée l'illusion d'une hauteur ascendante sans fin en vue, même si le son lui-même est en boucle et ne monte pas réellement. Cette illusion se produit parce que le cerveau décode les changements de fréquence d'une manière qui montre un mouvement ascendant continu, même si aucun changement réel de hauteur ne se produit.

Nos systèmes sensoriels ne sont pas des détecteurs parfaits du monde extérieur ; ils sont plutôt finement réglés sur les statistiques du système d'une manière qui nous permet de naviguer dans notre environnement et de continuer à vivre.

L'esprit construit activement notre expérience du monde en se basant entièrement sur des données sensorielles, des connaissances préalables et des prédictions. Cela signifie que notre perception de la réalité n'est pas une copie exacte du monde extérieur mais un modèle dynamique et souvent incomplet généré par l'esprit.

Le cerveau utilise de nombreux mécanismes pour interpréter les informations sensorielles, dont l'un est le traitement descendant. Cela renvoie à l'utilisation par le cerveau de connaissances, d'attentes et de contextes antérieurs pour interpréter les informations sensorielles. Par exemple, lorsque nous voyons un objet partiellement obscurci, notre cerveau utilise l'expérience antérieure pour combler les lacunes et créer une image complète de l'objet. Cette technique est généralement bénéfique, mais elle peut également conduire à des erreurs ou à des illusions lorsque les attentes du cerveau entrent en conflit avec l'entrée sensorielle réelle. Dans le cas du fantasme de Müller-Lyer, par exemple, les hypothèses du cerveau sur l'intensité et l'angle aboutissent à une notion déformée de la longueur de la ligne.

En plus du traitement ascendant, le cerveau s'appuie également sur le traitement descendant, dans lequel les statistiques sensorielles sont analysées à un niveau fondamental avant d'être intégrées à une perception plus complexe. C'est le processus par lequel le cerveau obtient des informations brutes

Fevzi H.

des sens (comme les couleurs et les formes dans la perception visuelle) et les assemble en une représentation significative du monde. Alors que le traitement ascendant fournit la base de la perception, c'est le traitement descendant du cerveau qui façonne souvent l'expérience finale.

Exemples d'illusions sensorielles

1. Illusions visuelles : Les illusions visuelles sont l'un des exemples les plus connus de la façon dont notre esprit peut nous induire en erreur. L'une des illusions visuelles les plus connues est l'illusion de Müller-Lyer, dans laquelle deux lignes de même longueur semblent avoir des longueurs différentes en raison de la direction des flèches à leurs extrémités. Cette illusion se produit parce que notre cerveau interprète les lignes dans le contexte de la profondeur et de l'angle, ce qui conduit à une perception déformée de la taille. Un autre exemple est le triangle de Kanizsa, dans lequel trois personnages ressemblant à Pacman disposés d'une manière particulière créent l'illusion d'un triangle au centre, bien qu'aucun triangle réel ne soit présent. Ces types d'illusions mettent en évidence la dépendance du cerveau au contexte, aux observations antérieures et aux attentes dans la construction de la perception visuelle.

2. Illusions auditives : Les illusions auditives illustrent également le rôle actif du cerveau dans la formation de notre perception du son. Le ton du berger est une illusion auditive

dans laquelle une série de tons superposés donne l'impression d'une hauteur sans fin ascendante, même si la hauteur réelle des tons ne change pas. Une autre illusion auditive célèbre est l'effet McGurk, dans lequel des stimuli visuels et auditifs incompatibles provoquent une perception qui ne correspond pas aux deux stimuli. Par exemple, alors que la vidéo d'une personne prononçant une syllabe (par exemple , « ba ») est associée à l'audio d'une syllabe spéciale (par exemple, « ga »), les visiteurs peuvent également percevoir une syllabe totalement différente (par exemple, « da »), montrant comment le cerveau intègre les informations visuelles et auditives de manière complexe.

3. Illusions tactiles : les illusions tactiles surviennent lorsque notre expérience du contact est induite en erreur par des facteurs externes. Un exemple est le fantasme cutané du lapin, dans lequel une chaîne de coups sur la peau selon un motif particulier crée la sensation d'un « lapin » qui saute sur la peau, même si aucun mouvement réel n'a lieu. Cette illusion démontre comment le cerveau traduit les informations sensorielles provenant de différents endroits de la peau et peut créer des perceptions de mouvement alors qu'elles ne sont pas réellement présentes.

4. Illusions de goût et d'odorat : Le goût et l'odorat sont également sujets à des illusions. Le goût du sucré peut être stimulé par la couleur de l'aliment ou de la boisson, des

recherches montrant que les gens sont plus susceptibles de percevoir une boisson comme plus sucrée si elle est colorée en rouge ou en violet, même si elle ne contient pas de sucre ajouté. De même, l'odeur des aliments peut être modifiée en fonction du contexte dans lequel ils sont consommés. Par exemple, un aliment peut avoir une odeur plus attrayante s'il est servi dans un environnement agréable ou s'il est accompagné de certaines saveurs.

L'une des principales raisons des illusions sensorielles est la dépendance de l'esprit à la prédiction et à l'attente. Le cerveau fait constamment des prédictions sur ce qui va se passer ensuite, en se basant sur des histoires passées et sur notre compréhension. Ces prédictions façonnent notre perception du monde et nous permettent de prendre des décisions à court terme. Cependant, si ces prédictions sont incorrectes, le résultat peut être une illusion sensorielle.

Par exemple, si nous sommes dans une pièce sombre et que nous prêtons attention à un son que nous interprétons comme un craquement, notre cerveau pourrait s'attendre à ce qu'il s'agisse de quelqu'un qui bouge à proximité. S'il semble que le son soit clairement du vent, notre cerveau a mal interprété l'entrée sensorielle en fonction de ses attentes. De même, dans des situations d'incertitude, comme lorsque nous sommes confrontés à des enregistrements visuels ambigus, le cerveau peut « combler les lacunes » en se basant sur des expériences extérieures ou des indices contextuels, ce qui conduit à une croyance déformée ou illusoire.

Le phénomène de remplissage perceptif illustre également cette manière prédictive. Lorsque nous observons une scène, nous nous concentrons sur un élément de l'environnement, comme le visage d'une personne ou un objet particulier. Cependant, le cerveau complète les détails manquants de l'espace environnant en se basant uniquement sur des informations et des attentes antérieures, ce qui peut parfois conduire à des inexactitudes dans notre perception de la scène globale.

Bien que nos structures sensorielles soient remarquablement précises dans de nombreuses situations, elles ne sont pas infaillibles. La présence d'illusions sensorielles indique que nos perceptions du monde ne sont pas toujours le reflet direct de faits objectifs. Au contraire, elles sont façonnées par les mécanismes de traitement du cerveau, qui donnent la priorité à la performance, à la survie et à la génération de sens. Les illusions sensorielles nous rappellent que ce que nous percevons comme réel peut être une représentation déformée ou incomplète du monde.

De plus, la précision sensorielle n'est pas toujours uniforme d'un individu à l'autre. Les personnes ayant des sensibilités sensorielles, des troubles neurologiques ou des capacités cognitives différentes peuvent ressentir les illusions

Fevzi H.

différemment. Par exemple, certaines personnes atteintes de synesthésie peuvent également comprendre les sons comme des couleurs ou associer des goûts à des formes particulières, ce qui conduit à des expériences particulières et privées de la réalité. Ces différences dans le traitement sensoriel mettent en évidence la nature subjective de la croyance et le rôle du cerveau dans la construction d'histoires individuelles du monde.

Les illusions sensorielles offrent un aperçu fascinant de la manière dont le cerveau construit notre perception des faits. Elles montrent que nos sens ne se contentent pas d'acquérir passivement des informations, mais les interprètent et les organisent activement, souvent de manière à produire des représentations déformées ou incomplètes du monde extérieur. La dépendance du cerveau à l'égard de la prédiction, du contexte et de l'expérience antérieure joue un rôle important dans la façon dont nous percevons le monde, et lorsque ces processus tournent mal, des illusions sensorielles apparaissent.

Bien que nos systèmes sensoriels soient incroyablement efficaces pour nous aider à nous orienter dans l'espace, ils ne sont pas parfaits. Les illusions qu'ils produisent mettent en lumière la nature complexe et dynamique de la perception, ainsi que la manière dont le cerveau construit activement la réalité que nous vivons. Comprendre les mécanismes à l'origine des illusions sensorielles donne des informations précieuses sur la nature de la perception et les limites de notre capacité à percevoir la réalité objective. En fin de compte, nos expériences sensorielles nous rappellent que le cerveau n'est pas seulement un récepteur passif de stimuli extérieurs, mais un acteur actif dans la création de la réalité que nous vivons.

1.4 Rêves, hallucinations et réalités alternatives

La nature de la réalité, telle que nous la percevons par nos sens, ne se limite pas au monde éveillé . Notre esprit est capable de générer des mondes entiers de plaisir, même en l'absence de stimuli externes. Ces états de connaissance d'échange – que ce soit par le biais de rêves, d'hallucinations ou d'autres formes de réalité altérée – nous permettent de comprendre en profondeur la manière dont l'esprit construit et traduit le monde qui nous entoure.

Les rêves sont l'un des facteurs les plus énigmatiques de l'attention humaine. Malgré des siècles d'exploration culturelle et mentale, les scientifiques n'ont encore qu'une connaissance partielle des raisons pour lesquelles nous rêvons et de la manière dont ces rapports apparaissent. Les rêves surviennent pendant la phase de sommeil paradoxal (REM), une phase caractérisée par une attention accrue du cerveau, des mouvements oculaires rapides et des rapports visuels et sensoriels dynamiques.

Pendant le sommeil paradoxal, le cerveau est plutôt actif, traitant souvent des sentiments, des souvenirs et des conflits non résolus. Certaines théories suggèrent que les rêves peuvent également servir de forme de traitement cognitif, aidant le cerveau à consolider les souvenirs, à donner un sens aux rapports émotionnels ou à résoudre les problèmes non résolus de la vie éveillée. Une autre théorie postule que les rêves sont en fait la manière dont le cerveau trie une activité neuronale aléatoire, qui reçoit ensuite un sens via les structures interprétatives du cerveau.

Les rêves sont souvent extrêmement subjectifs, avec des images, des sujets et des récits qui peuvent être influencés par des rapports personnels, des peurs, des objectifs et des pensées subconscientes. Cependant, certains objectifs, notamment les objectifs de routine, les objectifs lucides et les cauchemars, suggèrent des liens psychologiques ou physiologiques plus profonds avec notre vie éveillée. Par exemple, le rêve lucide se produit lorsque le rêveur prend conscience du fait qu'il rêve et peut réellement avoir la capacité de manipuler les événements du rêve. Ce type de rêve met à l'épreuve notre connaissance de la conscience et les limites entre le monde éveillé et le monde du rêve.

Le contenu des rêves peut aller d'histoires banales à des situations surréalistes ou fantastiques. Les gens rapportent souvent ressentir des émotions intenses dans les rêves, de la joie à la terreur, même s'ils savent que ces rapports ne sont pas réels. Ces réponses émotionnelles mettent en évidence la capacité du cerveau à créer une expérience vivante et immersive, malgré le fait que les événements eux-mêmes ne se produisent pas dans le monde physique. Les rêves peuvent être profondément symboliques, avec des images ou des sujets spécifiques porteurs de significations particulières associées à la psyché du rêveur. Par exemple, les rêves de voler, de tomber ou d'être poursuivi sont des thèmes courants que beaucoup d'êtres humains apprécient, reflétant souvent des peurs ou des rêves inconscients.

Alors que les rêves surviennent pendant le sommeil, les hallucinations sont des phénomènes perceptifs qui surviennent à l'état de veille, généralement en l'absence de stimuli extérieurs. Les hallucinations peuvent affecter n'importe lequel des cinq sens, de la vision de choses qui n'existent pas (hallucinations visuelles) à l'audition de sons inexistants (hallucinations auditives). Contrairement aux rêves, qui sont généralement considérés comme une forme de traitement intellectuel interne, les hallucinations représentent une perturbation du fonctionnement normal du traitement sensoriel.

Les hallucinations peuvent être le résultat d'une grande variété de facteurs, allant de troubles mentaux comme la schizophrénie à des troubles neurologiques, en passant par la consommation de drogues, la privation sensorielle et même le manque de sommeil. Par exemple, les personnes atteintes de schizophrénie peuvent également ressentir des hallucinations auditives, entendre des voix que les autres n'entendent plus, ce qui peut être pénible et déroutant. De même, les personnes atteintes de délire ou de lésions cérébrales peuvent également ressentir des hallucinations visuelles, en plus de voir des objets ou des personnes qui ne sont pas présents.

Dans certains cas, les hallucinations peuvent être déclenchées délibérément, notamment par l'utilisation de certaines substances psychédéliques. Ces comprimés, composés de LSD, de psilocybine (champignons magiques) et de DMT, peuvent altérer les voies de traitement sensoriel normales du cerveau, entraînant de profondes distorsions de la croyance. Les personnes sous l'influence de ces substances peuvent également avoir des visions lumineuses et souvent surréalistes, notamment voir des motifs géométriques, rencontrer des créatures mythiques ou ressentir une sensation de fusion avec l'univers.

Les mécanismes à l'origine des hallucinations sont complexes et concernent des changements dans la chimie du cerveau et les circuits neuronaux. Certains chercheurs pensent que les hallucinations découlent de la tendance du cerveau à générer des attentes basées sur des expériences passées, puis à « combler » les lacunes sensorielles lorsque les stimuli externes sont insuffisants. Dans le cas des hallucinations visuelles, le cerveau peut générer des images ou des situations basées sur des expériences antérieures ou des états émotionnels, même s'il n'y a pas d'entrée visuelle réelle. Ce phénomène suggère que la perception n'est pas un processus passif mais une structure active du cerveau, dans laquelle le cerveau s'appuie sur des processus internes pour donner un sens à la scène.

Les expériences de désirs et d'hallucinations impliquent la croyance en une vérité nouvelle et objective. Ces deux états de conscience différents suggèrent que la vérité n'est pas nécessairement ce qui est perçu par les sens, mais plutôt un ensemble complexe et dynamique créé par l'esprit. Dans le cas des désirs, le cerveau construit des mondes entiers basés sur la mémoire, les émotions et l'imagination, tandis que dans les hallucinations, le cerveau crée des expériences sensorielles en l'absence de stimuli externes.

Cela soulève la question suivante : si le cerveau est capable de générer des mondes entiers de croyances sans aucune intervention extérieure, qu'est-ce que cela dit de la nature même de la réalité ? Si le cerveau peut créer des rapports clairs sur le monde en se basant uniquement sur des processus internes, notre perception du monde extérieur est-elle plus « réelle » que les mondes dont nous jouissons dans nos rêves ou nos hallucinations ?

Les philosophes débattent depuis longtemps de la nature des faits et des croyances. Certains ont soutenu que chacune de nos histoires est subjective et que nous ne pouvons en aucun cas simplement connaître le monde objectif au-delà de nos sens. L'idée que la réalité est construite par l'esprit, au lieu d'être acquise passivement, suggère que nos perceptions peuvent être plus flexibles et malléables que nous le pensons. En ce sens, les rêves et les hallucinations ne sont pas simplement des anomalies ou des déviations de la notion ordinaire ; ils font partie intégrante de l'expérience humaine et offrent des informations précieuses sur la capacité de l'esprit à construire des réalités alternatives.

L'un des aspects fascinants des rêves et des hallucinations est leur capacité à brouiller les limites entre ce qui est « réel » et ce qui est « imaginé ». Dans les deux cas, les expériences sont remarquablement brillantes et immersives, laissant souvent les individus se demander s'ils vivent réellement la réalité ou quelque chose de complètement différent. Par exemple, les personnes qui vivent des rêves lucides sont parfaitement conscientes qu'elles rêvent, mais dans le rêve, elles auront l'impression d'être dans un monde très réel et tangible. De même, les personnes qui ont des hallucinations peuvent également interagir avec des objets ou des êtres humains hallucinés comme s'ils étaient réels, même s'ils n'ont aucune vie physique.

Cette confusion des frontières a des conséquences sur notre capacité à percevoir et à percevoir la réalité. Si le cerveau est capable de créer des expériences qui semblent aussi réelles que celles rencontrées dans le monde physique, cela remet en question la croyance selon laquelle la perception est un reflet immédiat de la réalité objective. Au contraire, cela indique que la réalité est, en partie, le produit des stratégies internes de l'esprit, influencées par des souvenirs, des émotions et des attentes. Ce point de vue s'aligne sur les théories de la philosophie et des neurosciences qui soutiennent que la vérité n'est pas un élément fixe et objectif, mais une expérience subjective et en constante évolution formée par le cerveau.

Les rêves, les hallucinations et les réalités alternatives contrôlent la fluidité de la perception humaine et nous informent sur ce qui est réel. Les rêves et les hallucinations montrent que l'esprit n'est pas un récepteur passif d'informations sensorielles, mais un acteur actif dans la construction du monde dans lequel nous vivons. Alors que les rêves surviennent pendant le sommeil, créant des situations lumineuses et souvent symboliques, les hallucinations surviennent dans le monde éveillé, perturbant le traitement sensoriel ordinaire et conduisant à des rapports déformés ou totalement fabriqués.

Ces états de conscience altérés soulèvent des questions profondes sur la nature de la réalité et de la croyance. Si l'esprit est capable de créer des mondes entiers d'expérience, qu'est-ce que cela dit de notre perception du monde extérieur ? Nos

Fevzi H.

expériences éveillées sont-elles plus « réelles » que celles que nous rencontrons dans nos rêves ou nos hallucinations ? En fin de compte, l'observation des rêves, des hallucinations et des réalités possibles donne des informations précieuses sur les systèmes complexes de perception du cerveau et met en évidence la malléabilité de la concentration humaine.

1.5 Les neurosciences de la perception : comment la réalité est codée dans notre cerveau

La perception est le processus par lequel nous interprétons et ressentons le monde qui nous entoure, façonnant notre connaissance de la réalité. Il ne s'agit pas d'une simple image miroir du monde extérieur , mais d'un système cognitif complexe construit à l'aide du cerveau. Nos sens recueillent des informations sur l'environnement, mais c'est le cerveau qui organise et interprète ces informations, créant ainsi notre perception subjective de la réalité.

L'esprit humain est doté de structures particulièrement spécialisées qui lui permettent de percevoir, de traiter et d'interpréter les statistiques sensorielles. Nos organes sensoriels – les yeux, les oreilles, la peau, le nez et la langue – sont la principale voie d'échange verbal avec le monde. Ils captent les stimuli de l'environnement et les convertissent en signaux électriques qui peuvent être transmis au cerveau. Cependant, le cerveau ne capte pas passivement ces indicateurs ; au contraire, il interprète et construit activement notre perception de la réalité.

Au cœur de la perception se trouve la capacité de l'esprit à donner un sens aux enregistrements sensoriels entrants à l'aide de l'intégration de statistiques provenant de sens spéciaux et de leur comparaison avec les informations existantes. Cette méthode n'est pas toujours un reflet fidèle du monde extérieur ; l'esprit fait constamment des prédictions et des changements basés entièrement sur des expériences extérieures et des facteurs contextuels. Essentiellement, la croyance est un processus positif, où l'esprit comble les lacunes des statistiques sensorielles et ajuste son expertise pour donner un sens aux informations ambiguës ou incomplètes.

Les structures perceptives du cerveau dépendent étroitement des réseaux et circuits neuronaux qui impliquent plusieurs zones du cerveau. Par exemple, le cortex visuel numéro un s'intéresse aux faits visibles, tout comme le cortex auditif s'intéresse au son. Cependant, des régions du cerveau mieux organisées, comme le cortex préfrontal, sont responsables de l'intégration de ces informations sensorielles avec la mémoire, l'intérêt et les capacités cognitives. C'est ici que notre perception subjective de la réalité commence à prendre forme, car le cerveau traduit les informations sensorielles dans le contexte de nos sentiments, de nos expériences passées et de nos attentes.

Le traitement des données sensorielles par le cerveau commence dès qu'il reçoit des signaux des organes sensoriels. Ce processus se déroule par étapes, chaque étape ajoutant des niveaux de complexité aux informations traitées. Par exemple, lorsque nous voyons un objet, la lumière pénètre dans l'œil et est focalisée sur la rétine, où elle est convertie en signaux électriques par des cellules photoréceptrices. Ces signaux sont ensuite envoyés au cortex visuel à l'arrière du cerveau, où ils sont également traités pour identifier les formes, les couleurs et les mouvements.

Mais la vision ne se résume pas toujours à la détection de la lumière et des ombres ; elle implique un traitement de haut niveau qui nous aide à reconnaître ce que nous voyons. Le cerveau prend en compte le contexte, les connaissances antérieures et même les attentes concernant ce que nous devrions voir. C'est pourquoi notre perception du monde est souvent influencée par ce que nous savons déjà ou ce que nous supposons rencontrer. Par exemple, si nous nous trouvons dans un environnement familier, le cerveau utilise ce contexte pour faire des prédictions sur les éléments qui sont susceptibles d'être présents et sur leur apparence, ce qui peut parfois entraîner des perceptions erronées ou des illusions lorsque les choses s'écartent de ce qui est prévu.

De la même manière, le système auditif fonctionne en détectant les ondes sonores qui pénètrent dans l'oreille, qui peuvent ensuite être transformées en signaux électriques que le cerveau traite. Le cortex auditif traduit ces signaux, nous permettant de comprendre les sons et de percevoir la parole. Le cerveau intègre également les informations auditives aux informations visuelles et tactiles, nous aidant à reconnaître le contexte des sons que nous écoutons. Par exemple, lorsque nous entendons quelqu'un parler, notre cerveau ne capte pas seulement le son des mots, mais interprète également le ton émotionnel et le contexte de l'échange verbal en fonction d'indices visuels, comme les expressions faciales et le langage corporel.

L'intégration des statistiques sensorielles est un élément essentiel de la croyance. Le cerveau combine constamment les informations provenant de différents sens, notamment la vue, l'ouïe et le toucher, pour créer une perception unifiée et cohérente de la scène. Cette intégration multisensorielle nous permet de naviguer efficacement dans notre environnement, de la détection des visages au déchiffrage de l'emplacement des objets dans l'espace. Cependant, cette intégration peut également conduire à des conflits sensoriels qui ont un impact sur notre croyance, notamment lorsque les enregistrements visuels et auditifs ne correspondent plus, ce qui conduit à des rapports comme l'effet McGurk, dans lequel nous percevons un son différent en fonction de ce que nous voyons.

Si le traitement sensoriel est la source de la perception, ce sont les mécanismes d'attention et les fonctions cognitives du cerveau qui façonnent et affinent notre expérience. L'attention joue un rôle central pour déterminer quelles informations sensorielles sont prioritaires et traitées en détail, et quelles informations sont ignorées. Cette attention sélective nous permet de prendre conscience des stimuli importants de notre environnement tout en filtrant les informations non pertinentes ou distrayantes.

L'attention est une technique dynamique et flexible, qui nous permet de déplacer notre conscience en fonction des exigences de la situation. Par exemple, lorsque nous conduisons, notre attention est généralement focalisée sur la route et le trafic environnant, filtrant les différentes entrées sensorielles moins pertinentes, comme la communication qui se déroule à l'intérieur du véhicule. Cette capacité à prêter une attention sélective aux stimuli positifs est régie par les réseaux attentionnels du cerveau, qui comprennent des régions telles que le cortex pariétal et le lobe frontal.

Cependant, l'intérêt n'est pas toujours parfaitement justifié. Les biais cognitifs du cerveau, provoqués par les émotions, les études passées et les attentes, peuvent déformer la croyance. Par exemple, une personne qui a peur des chiots peut être hyper vigilante à tout signe de chien dans son environnement, allant jusqu'à confondre une ombre ou une forme avec un vrai chien. Ce biais attentionnel se traduit par une croyance accrue en un risque, même s'il n'y a pas de danger immédiat. De cette manière, nos sentiments et nos techniques cognitives peuvent façonner la façon dont nous comprenons le monde, conduisant parfois à des distorsions ou à des interprétations erronées.

De plus, le traitement descendant, dans lequel le cerveau applique des connaissances et des attentes antérieures pour interpréter les informations sensorielles, peut également influencer la perception. Lorsque nous recevons des informations ambiguës ou incomplètes, le cerveau utilise le contexte et l'expérience pour combler les lacunes et donner un sens à ce que nous voyons ou entendons. Par exemple, lorsque nous lisons une phrase à laquelle il manque des lettres ou des mots, nous sommes souvent capables de combler les lacunes en fonction de nos connaissances de la langue et du contexte, ce qui nous permet de comprendre le sens malgré les informations incomplètes. Cependant, cette dépendance à l'égard des connaissances antérieures peut également provoquer des illusions ou des perceptions erronées, notamment voir des visages dans des objets inanimés ou entendre des voix dans un bruit aléatoire.

Malgré la remarquable capacité de l'esprit à créer une représentation précise de la scène, il est très sujet à des erreurs. Les illusions perceptuelles se produisent lorsque le cerveau interprète mal les informations sensorielles, créant une notion déformée ou incorrecte des faits. Ces illusions illustrent la complexité de la façon dont le cerveau traite les informations sensorielles et les nombreux facteurs qui influent sur la croyance.

Les illusions visuelles, comme le phénomène de Müller-Lyer (où deux lignes de même longueur semblent identiques), mettent en évidence la manière dont le cerveau utilise les indices contextuels pour interpréter la longueur et la distance. Dans ce cas, le cerveau se base sur des informations antérieures concernant le comportement général des lignes dans le monde, ce qui l'amène à considérer qu'une ligne est plus longue que l'autre, même si elles ont la même longueur. De même, les illusions auditives, comme le son de Shepard (qui crée l'illusion d'une hauteur constamment ascendante), révèlent comment le cerveau aborde le son d'une manière qui peut conduire à des erreurs de perception.

Les illusions perceptuelles ne sont pas seulement des curiosités ; elles fournissent des informations précieuses sur les mécanismes sous-jacents de la perception de l'esprit. En analysant ces illusions, les neuroscientifiques peuvent en savoir plus sur la manière dont l'esprit traite les enregistrements sensoriels, fait des prédictions et construit notre expérience subjective de la réalité. Les illusions surveillent l'interaction complexe entre les entrées sensorielles, l'attention, la mémoire et les processus cognitifs, soulignant que l'interprétation du monde par l'esprit n'est pas toujours une représentation fidèle de la réalité objective.

L'un des aspects les plus fascinants de la perception est sa plasticité, c'est-à-dire la capacité du cerveau à adapter et à modifier ses tactiques perceptives en fonction de l'expérience. Cette plasticité neuronale nous permet d'étudier et de nous adapter à de nouveaux environnements, ainsi que de nous remettre de blessures qui affectent le traitement sensoriel. Par exemple, lorsqu'une personne perd la vue, le cerveau compense en améliorant les sens proches, notamment le toucher et l'ouïe, pour l'aider à s'orienter dans l'environnement.

De même, les systèmes perceptifs du cerveau sont continuellement façonnés par l'expérience. Les personnes qui pratiquent des sports qui nécessitent une reconnaissance sensorielle accrue, comme les musiciens ou les athlètes, peuvent développer des capacités perceptives spécialisées qui leur permettent de traiter les informations avec plus d'efficacité ou de précision. Cette adaptabilité suggère que la perception n'est pas une méthode fixe ou rigide, mais une méthode dynamique et flexible qui est façonnée par l'interaction continue du cerveau avec le terrain.

Fevzi H.

La perception n'est pas un système passif de réception de données sensorielles ; c'est une création vivante et dynamique de faits qui comprend des interactions complexes entre l'entrée sensorielle, l'attention, la mémoire et la cognition. Le cerveau intègre en permanence des données provenant de différentes structures sensorielles, fait des prédictions basées sur des études au-delà et adapte ses processus en fonction de facteurs contextuels et des exigences attentionnelles. Cependant, ce processus n'est pas infaillible et le cerveau est vulnérable aux erreurs de perception, conduisant à des illusions et à des interprétations erronées du monde.

Les neurosciences de la croyance nous apportent des informations précieuses sur la manière dont le cerveau construit notre expérience de la réalité et la manière dont il façonne notre perception du monde. Si la capacité du cerveau à générer une perception cohérente et immersive de la réalité est excellente, elle met également en évidence les limites de notre perception et la malléabilité de l'attention humaine. En analysant la manière dont le cerveau traite les statistiques sensorielles, nous pouvons bénéficier d'une connaissance plus approfondie du rôle du cerveau dans la formation de notre expérience du monde et des méthodes par lesquelles la réalité est codée dans notre cerveau.

CHAPITRE 2

Perspectives philosophiques sur la théorie de la simulation

2.1 L'allégorie de la caverne de Platon : le monde que nous voyons n'est-il qu'une ombre ?

L'allégorie de la caverne de Platon est l'une des pierres angulaires de la philosophie occidentale, nous aidant à comprendre la différence entre les faits et la perception. L'allégorie met en évidence la manière dont le concept de « vérité » est construit différemment pour chaque individu et la manière dont notre façon de percevoir le monde est probablement considérablement limitée. La comparaison de Platon entre le monde de la paperasse et les ombres sur le mur de la caverne sert de métaphore profonde qui s'aligne sur les interprétations modernes du concept de simulation.

Dans l'Allégorie de la caverne de Platon, les humains sont représentés comme des prisonniers enfermés dans une caverne sombre, observant des ombres projetées sur un mur. Ces prisonniers ont été enchaînés de telle manière qu'ils ne peuvent voir que les ombres des objets derrière eux. Ces ombres ne sont que de simples reflets du monde réel à l'extérieur de la caverne. Les prisonniers, n'ayant jamais vu le monde extérieur, prennent ces ombres pour de la vérité. L'un des prisonniers finit par s'échapper et voit la lumière à l'extérieur de la caverne. Au début, la luminosité l'aveugle, mais au fil des années, il se familiarise avec le monde réel et connaît la nature de la vérité. Il retourne dans la caverne pour le dire aux autres, mais ils résistent à ses affirmations et rejettent l'idée qu'il y a quelque chose au-delà de leurs ombres.

Cette allégorie sert de métaphore profonde aux théories de simulation actuelles, qui se demandent si le monde que nous connaissons est bien réel ou simplement une illustration. Tout comme les prisonniers dans la grotte, nous pouvons être limités à une connaissance limitée de la réalité, où ce que nous vivons n'est qu'une « ombre » du monde réel. L'idée que le monde dans lequel nous vivons n'est pas la réalité réelle est une perception qui s'aligne sur l'hypothèse de la théorie de la simulation, dans laquelle nos perceptions ne sont qu'une version simulée d'une réalité beaucoup plus vaste et plus complexe.

Dans la philosophie de Platon, la véritable nature de la réalité réside dans le domaine des « formes », qui sont des idéaux abstraits, parfaits et éternels. Le monde physique, selon Platon, n'est qu'une illustration imparfaite de ces idéaux. Cette perception est parallèle à la question importante de l'idée de simulation : le monde que nous connaissons est-il simplement réel, ou n'est-il qu'une simulation ? Dans le principe de simulation, l'univers est proposé comme un ensemble artificiel, créé peut-être par une intelligence avancée, comme un superordinateur ou une IA. De même, les formes de Platon soutiennent que ce que nous expérimentons à travers nos sens est une image miroir insignifiante d'une vérité supérieure et meilleure.

Le principe de Platon et le principe de simulation suggèrent tous deux que notre compréhension de la réalité est intrinsèquement limitée et que la nature réelle de la vie dépasse ce que nous sommes capables de percevoir ou de croire. Si nous suivons le raisonnement de Platon, le monde que nous vivons pourrait être analogue aux ombres sur la paroi d'une caverne – seulement un faible aperçu de quelque chose de beaucoup plus complexe et profond. L'idée que la réalité pourrait être une simulation artificielle ne semble pas si farfelue lorsqu'on la considère à travers le prisme de l'idéalisme de Platon.

Le principe de simulation s'aligne étroitement sur la perception selon laquelle, tout comme les prisonniers de Platon, nous pouvons être contraints à une réalité artificielle avec un accès limité à ce qui existe réellement. Si le monde est effectivement une simulation, alors nous, en tant que population, ne sommes pas différents des prisonniers de la caverne, nous ne pouvons voir et comprendre que ce qui nous est présenté dans les paramètres de la simulation. Dans le cas des mondes virtuels, des réalités augmentées et des simulations virtuelles, nous pouvons également émerger plus déconnectés du monde physique et commencer à accepter ces expériences construites comme la forme la plus authentique de la réalité.

Mais, tout comme le prisonnier qui s'échappe de la caverne prend conscience de la vérité sur le monde, les personnes qui connaissent le concept de simulation peuvent également chercher à reconnaître la véritable nature de l'existence, au-delà de ce qui leur est donné. Ce concept remet en question la manière dont nous interprétons nos expériences sensorielles. De nos jours, la réalité virtuelle a apporté une nouvelle couche de simulation dans nos vies, dans laquelle les mondes numériques imitent le monde physique , mais ne constituent toujours qu'une version restreinte de la réalité. La question demeure : si nos perceptions sont régies par un ensemble supérieur, pouvons-nous un jour nous déchaîner et vivre le « monde extérieur » ?

Le concept de simulation, tout en étant mêlé à la philosophie de Platon, offre un examen plus approfondi des façons dont la concentration se rapporte au concept de vérité. Si nos récits et nos perceptions sensorielles sont basés sur une simulation, comment pouvons-nous prétendre reconnaître quoi que ce soit sur la nature réelle du monde ? La vision de Platon suggère que la connaissance humaine est confinée au domaine des apparences, mais qu'une conscience plus profonde se situe dans le domaine intellectuel et supérieur. Dans la même veine, la théorie de la simulation soutient que nos perceptions conscientes pourraient être de simples projections créées à l'aide d'un système supérieur.

Dans ce contexte, la connaissance elle-même ne sera pas une fonction naturelle de l'esprit, mais plutôt un effet émergent de la simulation. Cela soulève une question encore plus profonde : si nous vivons dans une simulation, notre connaissance est-elle un artefact de l'environnement simulé, ou existe-t-il un moyen pour notre esprit de dépasser les limites de ce dispositif et de comprendre la réalité sous-jacente ? La métaphore de Platon des prisonniers dans la caverne suggère que se libérer de la simulation nécessite un changement de croyance — un passage de l'ignorance à la connaissance, de l'ombre à la lumière.

L'allégorie de la caverne de Platon, vue sous l'angle du principe de simulation, nous pousse à nous demander : qu'est-ce que la vérité ? Si notre notion du monde est restreinte et principalement basée sur une simulation, comment pouvons-nous réellement reconnaître la nature de la vie ? Le principe de simulation et l'idéalisme de Platon suggèrent tous deux que nos perceptions sensorielles ne sont que les ombres d'un fait plus profond. Cette prise de conscience remet en question l'essence même de la reconnaissance humaine et nous oblige à reconsidérer les limites entre ce qui est réel et ce qui est fantasmatique.

Le concept d'allégorie et de simulation suggère à long terme que si notre vie est effectivement une simulation, alors notre connaissance du monde est intrinsèquement inadaptée.

Tout comme les prisonniers dans la caverne sont incapables de comprendre le monde au-delà des ombres, nous pourrions également être confinés dans une simulation qui restreint notre connaissance de la vérité réelle. Dans cet exemple, la quête du savoir et de la sagesse ne deviendra plus seulement un exercice intellectuel, mais une recherche du code sous-jacent qui peut contrôler la nature réelle des vies. Tout comme les prisonniers devraient quitter la caverne pour observer la lumière, nous devrions nous aussi nous efforcer de nous libérer de la simulation pour apercevoir le monde réel au-delà.

2.2 Descartes et la nature douteuse de la réalité : je pense, donc je suis ?

René Descartes, souvent présenté comme le père de la philosophie moderne, a proposé le concept « Cogito, ergo sum » (« Je suppose, donc je suis ») comme une réalité fondamentale de la vie technologique. Cette déclaration est devenue une réaction à son scepticisme radical – sa façon de douter de tout , y compris de la vie même du monde extérieur et de son propre corps. La méthode de Descartes, appelée scepticisme cartésien, s'aligne de manière frappante sur les questions modernes entourant la théorie de la simulation et la nature de la réalité. Les méditations de Descartes offrent une exploration profonde du doute, de la conscience et des limites de la capacité humaine, qui sont essentielles au débat permanent sur la question de savoir si notre réalité est exacte ou simplement une simulation.

L'aventure philosophique de Descartes a commencé avec ce qu'il a appelé le doute méthodique, un processus par lequel il doutait de tout ce qu'il savait être vrai pour pouvoir arriver à quelque chose d'indubitable. Dans son ouvrage Méditations sur la première philosophie, Descartes s'interrogeait sur l'existence même du monde extérieur, y compris du corps physique, de l'univers ou même de son propre esprit. Il en déduisait qu'il était possible que tout cela soit des illusions créées par une force extérieure ou un démon trompeur - une idée qui fait écho à l'idée d'un fait simulé dans lequel une entité complexe pourrait manipuler la croyance d'un individu.

Le scepticisme de Descartes s'étendait même à la fiabilité de ses sens, qui peuvent être trompés, comme dans le cas des illusions d'optique ou des rêves. Il postulait que nos sens ne peuvent pas du tout refléter un fait extérieur, objectif. Ce doute des sens reflète la théorie actuelle de la simulation, qui montre que les expériences sensorielles que nous percevons sont probablement générées artificiellement, ce qui nous amène à douter de notre capacité à croire réellement ce que nous vivons.

La question de « Qu'est-ce qui est réel ? » devient non seulement une question philosophique, mais aussi une considération critique dans le contexte de la théorie de la simulation. Si la nature de la réalité peut être mise en doute de cette manière, qu'est-ce qui nous garantit que l'espace qui nous entoure n'est pas toujours clairement une simulation conçue pour nous tromper ? L'argument de Descartes, bien que développé des siècles avant l'idée de réalité numérique ou de simulations virtuelles, fournit la base intellectuelle pour comprendre comment nous pourrions exister dans un univers simulé et comment nos perceptions pourraient être déformées par une force invisible.

Bien que Descartes ait douté de tout cela, il en est finalement arrivé à la conviction que l'acte même de douter exigeait un défi de réflexion pour réaliser l'acte de douter. Ainsi, sa célèbre fin, Cogito, ergo sum – « Je pense, donc je suis » – est devenue la seule vérité indéniable. Descartes a soutenu que la vie de ses pensées ou de son attention personnelles ne pouvait être mise en doute car, même si un démon malveillant l'avait trompé sur le monde extérieur, l'acte même d'être trompé nécessitait une entité consciente et interrogatrice pour être trompée.

Cette perception philosophique sert d'ancrage important dans la recherche de la vérité au milieu de l'incertitude. Pour Descartes, l'esprit – notre capacité à penser, à douter et à avoir un but – est devenu l'inspiration de la vie. Dans le contexte du concept de simulation, cela soulève une question cruciale : si nous vivons effectivement dans une simulation, quelle est la nature de l'esprit à l'intérieur de cette simulation ? L'accent mis par Descartes sur la difficulté de la pensée souligne que même à l'intérieur d'une réalité simulée, l'esprit peut néanmoins exister indépendamment du monde simulé, conservant sa capacité de doute, de raisonnement et de reconnaissance de soi. Cependant, si l'univers entier est une simulation, alors qu'est-ce que cela implique pour la nature de la conscience ? L'esprit peut-il exister sincèrement sans une réalité physique avec laquelle interagir ?

Descartes a introduit l'idée du démon maléfique, un être tout-puissant qui pourrait potentiellement nous induire en erreur en nous faisant croire que le monde extérieur existe tel que nous le percevons, alors qu'en réalité, il est probablement entièrement fabriqué. Ce concept préfigure l'idée moderne de simulation, dans laquelle le « démon maléfique » est remplacé par le concept d'une entité superintelligente ou d'une intelligence artificielle avancée qui crée et contrôle une vérité simulée. Dans cette situation, nos perceptions du monde ne sont pas le reflet d'un fait objectif et extérieur, mais sont plutôt manipulées par une force extérieure, tout comme un environnement simulé pourrait être géré par un ordinateur.

Les similitudes entre le démon maléfique de Descartes et l'idée de simulation sont frappantes. Dans les deux cas, l'esprit est piégé dans un fait construit, incapable de vérifier la nature authentique des vies. Tout comme Descartes se demandait si nous pouvons croire que nos sens sont vrais, l'idée de simulation nous met au défi de nous demander si nous prendrons en compte nos perceptions si elles sont créées par une simulation. Notre perception de la réalité est-elle clairement une fabrication, tout comme le monde de tromperie imaginé par Descartes ?

L'accent mis par Descartes sur les pensées comme fondement de la réalité dans un monde rempli de doutes résonne profondément avec les inquiétudes actuelles sur la nature de la conscience dans le domaine de la théorie de la simulation. Si nous vivons dans un monde simulé , alors l'interaction de l'esprit avec cette simulation deviendra un facteur clé d'attention. Descartes soutenait que l'esprit est séparé du corps, une idée appelée dualisme. Ce point de vue soulève des questions intrigantes sur la nature de l'esprit dans une réalité simulée : si l'esprit peut penser indépendamment du cadre dans le monde physique, devrait-il également figurer dans une simulation ? L'esprit aurait-il encore des affaires dans un monde où chaque expérience sensorielle est contrôlée et façonnée par une force externe ?

En outre, Descartes croyait que la connaissance du monde extérieur est transmise par les sens, mais que ces derniers peuvent être trompés. Dans le cas de la théorie de la simulation, l'esprit peut toujours percevoir une vérité construite, probablement manipulée par une intelligence supérieure. Cela soulève la question de savoir si notre perception est capable de se libérer des limites simulées pour acquérir des informations réelles ou si elle est en permanence limitée à l'expérience d'une réalité fabriquée.

Le scepticisme de Descartes et sa déclaration ultérieure selon laquelle l'esprit est le fondement indubitable le plus efficace de la compréhension continuent d'être un point important dans les débats philosophiques sur la nature de la réalité. Pourtant, la théorie de la simulation développe le scepticisme originel de Descartes, suggérant que non seulement nos sens ne peuvent pas nous mentir, mais que le monde entier que nous vivons est probablement une illusion, contrôlée par une machine artificielle externe. Cette vision élargit la portée du doute originel de Descartes en impliquant que le monde extérieur lui-même pourrait ne pas exister de la manière dont nous le comprenons.

Si la théorie de la simulation est valable et que notre vérité est construite artificiellement, la déclaration de Descartes selon laquelle l'esprit est la muse de la réalité pourrait être examinée de la même manière. Dans un monde simulé , l'esprit est probablement un élément essentiel, mais ses effets pourraient être limités par la structure de la simulation. Le dualisme de Descartes – sa séparation de l'esprit et du corps – est-il toujours valable si le monde physique est une illusion ?

Ou l'esprit lui-même n'est-il qu'un élément de la simulation, existant dans les paramètres définis par la machine artificielle ?

L'exploration philosophique de René Descartes sur le doute et la nature des faits offre une base solide pour des discussions de pointe sur la nature de l'existence, en particulier en relation avec la théorie de la simulation. Le Cogito, ergo sum de Descartes souligne le rôle central de la conscience dans la réalité de la connaissance, mais la théorie de la simulation complique cela en réfléchissant à la réalité du domaine dans lequel la connaissance existe. Que ce soit dans un monde de tromperie extérieure ou dans un univers simulé, le scepticisme de Descartes reste un outil essentiel pour comprendre les limites de la connaissance humaine et le rôle de la notion dans la formation de nos rapports.

Alors que nous continuons à découvrir les implications philosophiques du principe de simulation, les peintures de Descartes servent de pierre de touche pour comparer la façon dont nos esprits organisent, interprètent et, en fin de compte, interrogent la réalité dans laquelle nous existons. Dans un monde qui est probablement une simulation, la question fondamentale demeure : si nous sommes trompés, comment pouvons-nous jamais reconnaître honnêtement ce qui est réel ?

2.3 Berkeley et l'idéalisme : si la matière n'existe pas, qu'est-ce que la réalité ?

L'idée d'idéalisme, telle que proposée par le logicien du XVIIIe siècle George Berkeley, offre une perspective intéressante à travers laquelle considérer la nature de la réalité – une perspective qui résonne profondément avec les discussions modernes sur le concept de simulation. L'idéalisme de Berkeley remet en question l'hypothèse courante selon laquelle le monde physique existe indépendamment de notre perception de celui-ci. Son célèbre dicton, « esse est percipi » (être, c'est être perçu), affirme que la réalité ne se compose que d'esprits et de leurs idées. En d'autres termes, le monde extérieur n'existe pas en dehors des perceptions des êtres conscients, et les objets matériels ne sont réels que dans la mesure où ils sont perçus.

L'idéalisme de Berkeley, à première vue, semble s'éloigner considérablement de la vision matérialiste du monde, où l'univers physique existe indépendamment de la perception humaine. Pourtant, lorsqu'on l'examine dans le contexte de la théorie de la simulation, les réflexions de Berkeley semblent avoir une pertinence surprenante pour les questions philosophiques modernes sur la nature des faits.

L'idéalisme de George Berkeley découle de son opposition radicale à la pensée matérialiste de la vérité. Selon Berkeley, la vie des objets dépend entièrement de leur perception. Sans une pensée pour les percevoir, les objets cessent d'exister. Dans son ouvrage Traité sur les principes de la connaissance humaine, Berkeley soutient que tous les objets corporels sont en fait des idées dans l'esprit, et que ces idées sont soutenues par Dieu, qui perçoit et maintient constamment le monde en existence. Pour Berkeley, il n'est pas nécessaire d'avoir une substance matérielle pour décrire le monde qui nous entoure. Au contraire, tout ce dont nous jouissons, qu'il s'agisse d'un rocher, d'un arbre ou d'une planète, est en réalité une idée dans l'esprit, un élément de notion.

Cette vision remet fondamentalement en cause l'hypothèse matérialiste selon laquelle les objets existent indépendamment de l'esprit. L'argument de Berkeley repose sur le concept selon lequel nos rapports sensoriels – la vue, le toucher, le goût, etc. – ne sont pas le résultat d'interactions avec un monde indépendant de l'esprit , mais font plutôt partie d'un cadre mental. Le monde extérieur, selon Berkeley, n'est pas fait de matériaux matériels, mais plutôt d'un ensemble de perceptions, qui peuvent être soutenues par l'aide d'un esprit divin. La question de savoir comment la réalité peut exister sans dispositifs matériels trouve sa réponse chez Berkeley en affirmant que toutes choses existent dans l'esprit de Dieu.

Le lien entre l'idéalisme de Berkeley et l'idée de simulation devient évident lorsque nous nous rappelons le caractère de la perception dans une réalité simulée. Si nos perceptions du monde sont le résultat d'une simulation, alors, tout comme l'idéalisme de Berkeley, le monde extérieur peut ne pas exister indépendamment de notre croyance à son égard. Dans un univers simulé, tout ce que nous apprécions – chaque objet, chaque paysage, chaque personne – existe parce que la simulation est conçue pour nous fournir ces histoires. Le monde n'existe pas en dehors de la simulation ; il existe parce qu'il est perçu par nous, la population de la simulation.

Le concept de simulation, qui postule que notre réalité est une simulation générée par ordinateur, présente de nombreux parallèles avec l'idéalisme de Berkeley. Dans une simulation, le monde « physique » qui nous entoure ne sera rien de plus qu'une illusion créée à l'aide d'une machine informatique sophistiquée. Tout comme l'idéalisme de Berkeley nie l'existence d'un monde extérieur , le principe de simulation suggère que l'univers physique que nous percevons n'est pas « réel » au sens conventionnel du terme, mais plutôt une chaîne de perceptions générées par une machine informatique.

Dans la philosophie de Berkeley comme dans la théorie de la simulation, la perception joue un rôle essentiel dans la constitution de la réalité. L'idéalisme de Berkeley affirme que les choses n'existent que dans la mesure où elles sont perçues, et la théorie de la simulation soutient que nos perceptions sensorielles ne sont pas des interactions avec un monde extérieur , mais des interactions avec un environnement simulé. Les deux points de vue suggèrent que la réalité n'est pas une entité indépendante mais qu'elle est au contraire profondément liée aux perceptions des êtres conscients.

Pour Berkeley, la vie des gadgets repose sur la croyance en ces objets. Si nous cessons de percevoir un objet, il cesse d'exister. Dans une simulation, cette idée trouve un écho frappant : si nous devions, par tous les moyens, nous déconnecter de la simulation ou cesser de percevoir le monde simulé, les gadgets qu'elle contient cesseraient également d'exister. L'univers entier dans une simulation n'est rien de plus qu'une chaîne de points de données et d'entrées sensorielles, créées et maintenues par le dispositif informatique. Ainsi, l'idéalisme de Berkeley et le concept de simulation sapent tous deux la perception d'un monde matériel indépendant de l'esprit.

L'idéalisme de Berkeley se termine par une question intéressante : quelle est la fonction de l'esprit dans la création de la réalité ? Pour Berkeley, l'esprit – en particulier l'esprit de Dieu – est le dernier percepteur qui soutient la vie du monde. Cependant, dans le contexte de la théorie de la simulation, le rôle de l'esprit est transféré aux créateurs de la simulation. Dans cet exemple, l'esprit conscient (qu'il soit humain ou artificiel) fait l'expérience d'une réalité conçue, générée et gérée par une source externe.

Cela soulève des questions intéressantes sur la nature de la conscience et sa relation avec la réalité. Dans l'idéalisme de

Berkeley, l'attention est la source de toute vérité, car le monde n'existe que tel qu'il est perçu par les esprits. Dans une simulation, la conscience – qu'elle soit humaine ou artificielle – perçoit le monde dans les limites de la simulation, mais cette perception est générée par un dispositif informatique extérieur. L'esprit reste essentiel à la formation de la vérité, mais ses perceptions sont médiatisées par la simulation, car l'esprit de Berkeley est basé sur le divin pour préserver la réalité du monde.

L'une des contributions majeures de Berkeley à la philosophie fut son travail sur la notion de substance textile. Selon Berkeley, les substances textiles – des matières qui existent indépendamment des pensées – n'existent pas. Tout ce qui existe, ce sont des pensées dans les pensées, et ces pensées sont soutenues par Dieu. Dans la même veine, le concept de simulation indique que le monde physique, tel que nous le percevons, est une illusion. Les objets que nous voyons, touchons et avec lesquels nous interagissons peuvent ne pas exister au sens matériel du terme, mais sont plutôt fabriqués à partir d'une simulation conçue pour créer l'illusion d'un monde textile.

Si l'arène est une simulation, alors, comme le pense Berkeley, les objets que nous connaissons ne sont pas « réels » dans l'expérience traditionnelle. La chaise sur laquelle vous êtes assis, le sol sous vos pieds et le ciel au-dessus de vous font tous partie de l'environnement simulé que vous appréciez. Ces objets n'ont peut-être pas d'existence indépendante, mais ils sont réels dans la mesure où ils peuvent faire partie de la réalité simulée créée pour percevoir. Cela reflète la vision de Berkeley selon laquelle le monde physique n'est rien de plus qu'un ensemble de perceptions soutenues par un esprit.

Dans l'idéalisme de Berkeley, le monde est finalement soutenu par l'esprit de Dieu, qui garantit que le monde continue d'exister même lorsque les gens ne le perçoivent pas. Dans le concept de simulation, le monde est soutenu par la puissance de calcul des créateurs de la simulation, qui sont chargés de maintenir le monde et de veiller à ce qu'il continue à fonctionner comme un dispositif cohérent et interactif. Tout comme Berkeley croyait que Dieu était le percepteur et le soutien ultime du monde, la théorie de la simulation suggère qu'il peut y avoir un auteur ou un groupe de créateurs qui maintiennent la simulation dans laquelle nous existons.

Ce parallèle entre l'idéalisme de Berkeley et l'idée de simulation suscite des questions philosophiques fascinantes sur la nature des pensées, le rôle de la croyance dans la formation des faits et la capacité d'un auteur ou d'une force de contrôle à l'origine de notre vérité. Que nous vivions dans un monde soutenu par la notion divine ou dans un monde soutenu par la technologie de pointe, la question demeure : si la confiance n'existe pas indépendamment de la perception, quelle est alors la nature des faits ?

L'idéalisme de George Berkeley propose une perspective sur la nature de la réalité qui remet en question la vision matérialiste conventionnelle et entre fortement en résonance avec les questions posées par le concept de simulation. L'idéalisme et la théorie de la simulation suggèrent tous deux que le monde que nous percevons n'est peut-être pas une vérité objective et indépendante de l'esprit, mais plutôt un ensemble de perceptions, soit dans l'esprit, soit dans un système simulé. La question de ce qui constitue la réalité n'est pas facilement posée, mais les idées de Berkeley contribuent à éclairer les profondes implications philosophiques de la théorie de la simulation. Si la confiance n'existe pas telle que nous la comprenons historiquement, alors la vérité elle-même peut être bien plus insaisissable, complexe et dépendante de la perception que nous ne l'aurions jamais imaginé.

2.4 L'argument de simulation de Bostrom : qu'est-ce qui est réel dans l'univers ?

Au XXIe siècle, l'une des contributions les plus influentes au débat sur le concept de simulation est venue du logicien Nick Bostrom. En 2003, Bostrom a avancé l'argument de la simulation, désormais bien connu, qui suggère qu'il est possible - ou même probable - que notre réalité tout entière soit une simulation générée par ordinateur créée par une civilisation plus avancée. L'argument de Bostrom est devenu un élément de discussion pertinent dans chaque fiction philosophique et technologique, beaucoup se demandant si nous vivons dans une simulation ou si nos perceptions de l'univers reproduisent ou non un monde réel, « réel ».

L'argument de simulation de Bostrom repose sur une chaîne d'affirmations probabilistes, fondées sur l'idée qu'au moins une des trois propositions devrait être réelle :

1. L'espèce humaine s'éteindra avant d'atteindre un stade posthumain : cette proposition montre que l'humanité n'élargira en aucune façon ses capacités technologiques pour créer des simulations de la connaissance à grande échelle. Il peut y avoir une barrière technologique ou un risque existentiel qui nous empêche d' atteindre ce royaume avancé, ce qui signifie que les réalités simulées ne pourraient en aucun cas exister.

2. Il est peu probable qu'une civilisation posthumaine simule des consciences réalistes : cette possibilité postule que même si l'humanité atteint un royaume posthumain avec la capacité de simuler l'attention, elle pourrait choisir de ne pas créer ces simulations. Les motivations pour ne plus le faire seront morales, philosophiques ou liées aux dangers de créer

Fevzi H.

des entités conscientes de taille importante dans des simulations.

3. Nous vivons presque certainement dans une simulation : la proposition 0,33 est la plus controversée et la seule qui a généré le plus de débats. Selon Bostrom, si les deux premières propositions sont fausses – ce qui signifie que les civilisations avancées élargissent l'ère pour simuler l'attention et choisissent d'y parvenir – alors le nombre de réalités simulées devrait être largement supérieur au nombre de réalités « réelles ». Dans ce cas, les chances que des gens vivent dans une simulation augmentent considérablement. S'il existe des milliards de mondes simulés et seulement un petit nombre de mondes « réels », il est statistiquement plus probable que nous vivions dans une réalité simulée.

L'argument de Bostrom repose sur l'idée que si une civilisation technologiquement supérieure avait la capacité de simuler la conscience, elle serait capable de créer des simulations si réalistes que les êtres simulés qui y vivent ne seraient plus en mesure de différencier la simulation de la « réalité ». Dans ce contexte, le nombre de simulations devrait dépasser celui des mondes réels, et la possibilité de vivre dans une simulation pourrait s'avérer très élevée.

Le cœur de l'argumentation de Bostrom repose sur le raisonnement statistique. Si les civilisations futures sont capables de créer des simulations de la connaissance, et si elles choisissent d'y parvenir, la diversité des êtres conscients simulés pourrait dépasser de loin la diversité des humains réels. Dans un avenir hypothétique où il existerait une gamme pratiquement infinie de simulations, la diversité des réalités simulées pourrait peser sur le nombre de réalités physiques réelles.

Pour illustrer cette idée, Bostrom utilise une technique probabiliste : si nous vivons dans un monde dans lequel les civilisations posthumaines ont le potentiel de simuler des êtres conscients, alors la simple quantité d'entités simulées rendrait extrêmement probable que nous soyons l'une d'entre elles. L'argument repose sur la croyance que, si on lui donnait suffisamment de temps, une civilisation posthumaine pourrait être extrêmement inspirée à créer plusieurs simulations, peut-être à des fins médicales, antiques ou récréatives. Plus il y a de simulations, plus il devient statistiquement probable que nous vivions dans une seule.

Cette expérience conceptuelle introduit un paradoxe passionnant : si nous vivons dans une simulation, quelle est la nature de la « réalité » que nous considérons comme réelle ? Nos expériences, nos interactions et nos perceptions seraient tout aussi réelles pour nous que les récits d'une personne vivant dans un monde « réel ». Pourtant, d'un point de vue cosmique, nous ne pouvons pas être plus réels que les personnages d'un jeu vidéo.

L'argument de Bostrom sur la simulation soulève de profondes questions sur la nature même de la vérité. Si nous admettons que nous pourrions vivre dans une simulation, cela remet en question notre compréhension de la vie. Que signifie être « réel » dans un univers qui n'est peut-être pas « réel » au sens où nous l'entendons historiquement ? La réalité est-elle le résultat d'un monde physique et indépendant, ou est-ce un assemblage conçu par une intelligence supérieure ?

Ces questions nous poussent à réévaluer nos hypothèses de base sur la vie. Si nous sommes dans une simulation, alors notre perception du monde physique – le soleil, les étoiles, la Terre – pourrait devoir être fabriquée, conçue pour créer un récit cohérent pour les habitants de la simulation. Les éléments apparemment solides, les lois de la physique et le passage du temps pourraient n'être que des illusions créées par un système informatique. Dans ce scénario, le monde « réel » pourrait également se trouver au-delà de la simulation, mais il est impossible d'y accéder immédiatement ou de l'identifier.

Dans ce contexte, la question de savoir si nous vivons dans une simulation devient non seulement une question philosophique, mais aussi une question fondamentale pour notre théorie de la réalité. Elle nous oblige à reconsidérer ce qui constitue « le monde réel » et si quelque chose peut être considéré comme absolument réel s'il existe entièrement dans une simulation.

L'argumentation de Bostrom aborde également les questions techniques et morales entourant la création de simulations. Si les civilisations avancées ont la capacité de simuler la connaissance, doivent-elles le faire ? Quelles responsabilités éthiques ces civilisations pourraient-elles avoir envers les êtres simulés qu'elles inventent ? Ces questions ne sont pas simplement théoriques ; elles nous invitent à réfléchir aux implications éthiques de la création de simulations d'êtres conscients et aux conséquences de ces capacités pour les créateurs et les créatures.

Si les simulations sont créées avec des entités conscientes qui éprouvent de la douleur, de la joie ou des difficultés, alors le dilemme éthique devient urgent : les créateurs de ces simulations doivent-ils être responsables du bien-être de leur population simulée ? Les entités simulées doivent-elles avoir des droits, ou leur vie n'est-elle qu'un moyen de se libérer pour les créateurs de la simulation ? Ces questions morales font prendre conscience des implications éthiques potentielles de la technologie avancée, en particulier en termes de conscience artificielle et de création de réalités simulées.

L'argument de Bostrom sur la simulation met également en avant le problème philosophique du solipsisme, la croyance selon laquelle seuls notre esprit et nos perceptions personnelles sont certains d'exister. Si nous vivons dans une simulation, nous pouvons également nous interroger sur l'existence de tout ce qui se trouve en dehors de notre réalité perçue. Les humains qui nous entourent sont-ils réels ou s'agit-il en réalité de programmes exécutés dans la simulation ? Existe-t-il un monde « réel » au-delà de la simulation et, dans ce cas, comment pouvons-nous y avoir accès ou en comprendre quelque chose ?

L'argument de la simulation, dans cette expérience, introduit le solipsisme dans le monde du savoir-faire et de la création technologiques, en se demandant si le monde que nous vivons est pratiquement indépendant de notre esprit, ou s'il n'est qu'une construction au sein d'une simulation vaste et complexe. À bien des égards, l'argument de la simulation amplifie les inquiétudes solipsistes soulevées par l'idéalisme de Berkeley, car les deux perspectives suggèrent que ce que nous percevons comme la réalité peut être bien plus ténu que nous ne l'aurions jamais imaginé.

L'argument de Nick Bostrom sur la simulation a eu un impact profond sur les discussions philosophiques et scientifiques contemporaines sur la nature de la réalité. Il présente un argument convaincant selon lequel, compte tenu de la capacité des civilisations avancées à créer des simulations, la probabilité de vivre dans un fait simulé pourrait être bien plus élevée que nous le pensons. Cet argument remet en question nos hypothèses les plus fondamentales sur l'univers, nous invitant à repenser la nature même de la vie et de notre environnement dans le cosmos.

En explorant les conséquences de l'argument de Bostrom, nous parvenons à une compréhension plus profonde de ce que signifie être « réel » dans un univers qui pourrait ne pas être tel que nous le percevons. L'argument de la simulation ne remet pas simplement en cause nos perspectives sur la physique, l'époque et l'éthique : il nous force à affronter la nature même des faits. Si nous vivons effectivement dans une simulation, alors qu'est-ce qui est réel ? Et plus important encore, qu'implique le fait d'être réel dans le premier lieu ?

2.5 L'évolution historique du concept de simulation

L'idée selon laquelle la réalité ne sera pas ce qu'elle paraît et que nos perceptions pourraient être inspirées ou même construites par une pression extérieure a une longue et fascinante histoire. L'idée de simulation, telle que nous l'appréhendons aujourd'hui, a évolué au fil des siècles, façonnée par des avancées philosophiques, médicales et technologiques. Le voyage des réflexions métaphysiques anciennes aux théories technologiques modernes des réalités simulées bien connues en dit long sur la quête continue de l'humanité pour comprendre la nature des modes de vie et notre place dans l'univers.

Les premières réflexions philosophiques sur la simulation remontent aux penseurs historiques qui se sont interrogés sur la nature de la notion et de la réalité. L'idée selon laquelle le monde dans lequel nous vivons pourrait être une illusion ou une projection fut explorée par Platon dans son *Allégorie de la caverne* (vers 380 av. J.-C.). Dans cette allégorie, Platon décrit des prisonniers enchaînés à l'intérieur d'une caverne, qui ne peuvent voir que des ombres projetées sur le mur à travers des objets situés derrière eux. Ces prisonniers confondent les ombres avec la réalité car ils n'ont jamais vu les objets eux-mêmes. Cette allégorie met en évidence la possibilité que ce que nous percevons comme la réalité ne soit qu'une image miroir faible et déformée d'une réalité plus profonde, un sujet qui pourrait résonner à travers les siècles à mesure que les discussions sur l'illusion et la réalité se répandent .

Le concept d'illusion et le caractère de la vérité ont été explorés de la même manière par des philosophes ultérieurs, notamment Descartes, dont les *Méditations sur la première philosophie* (1641) ont introduit l'idée du doute radical. Descartes s'est notamment interrogé sur la véracité de toutes choses, y compris de sa propre vie, considérant qu'il pouvait être sous l'influence d'un démon trompeur – une pression extérieure contrôlant ses perceptions. Bien que Descartes n'ait pas explicitement défini cela comme une « simulation », ses réflexions philosophiques ont jeté les bases de réflexions ultérieures qui ont lié la tromperie et le développement de la réalité à des constructions technologiques et métaphysiques.

Au fur et à mesure que la pensée médicale progressait, l'exploration du lien entre réalité et notion progressait également. Aux XVIIe et XVIIIe siècles, le développement de l'empirisme et du rationalisme a donné naissance à de nouvelles approches de la connaissance du rôle des sens et de la pensée dans la formation de notre expérience du domaine. Des penseurs comme John Locke, George Berkeley et Emmanuel Kant se sont penchés sur la nature de la vérité et de la perception, influençant en fin de compte le discours qui pourrait entourer le principe de simulation.

Berkeley, par exemple, est célèbre pour son idéalisme, la perception selon laquelle les objets en tissu n'existent plus indépendamment de l'esprit. Dans son ouvrage Traité sur les principes de la connaissance humaine (1710), il propose que la vérité soit entièrement construite par la perception et que la vie de chacun dépende de l'esprit de Dieu. Bien que Berkeley n'ait pas formulé ses idées en termes de simulation, son argument selon lequel le monde extérieur dépend de la perception s'aligne sur les notions ultérieures de réalité en tant que construction, préfigurant les idées contemporaines de réalités simulées ou numériques.

Dans sa Critique de la raison pure (1781), Emmanuel Kant a présenté une perspective plus nuancée en posant comme hypothèse que les humains ne peuvent pas reconnaître le monde tel qu'il est, simplement tel qu'il nous apparaît à travers le prisme de nos écoles sensorielles et de nos catégories mentales. Le travail de Kant a soulevé des questions sur les limites de la notion humaine, suggérant que nous ne pouvons jamais accéder à la « chose en soi » (la vraie nature de la vérité) et que nos rapports sont continuellement médiatisés par l'aide des structures des pensées. Cela soulève la possibilité que nos rapports, et donc notre connaissance de la réalité, puissent être intrinsèquement limités et potentiellement manipulés par des forces externes – un sujet pertinent pour le concept de simulations.

Le XXe siècle a été témoin de l'avancée rapide de la technologie et, avec elle, de nouvelles discussions sur la nature de la réalité ont commencé à prendre forme. Le développement de l'informatique, de la réalité virtuelle et de la cybernétique a offert la possibilité que la réalité soit construite ou manipulée artificiellement au moyen de machines. Au milieu du XXe siècle, des penseurs comme Norbert Wiener, qui a fondé le domaine de la cybernétique, ont exploré le concept de structures de contrôle et de boucles d'observations dans les structures biologiques et mécaniques. Ces réflexions pourraient plus tard influencer les discussions sur l'intelligence artificielle et les simulations, suggérant que les machines pourraient un jour simuler la concentration et la réalité elle-même.

Dans le domaine de la fiction technologique, le concept de réalités simulées est devenu un sujet de prédilection à la fin du XXe siècle. Des œuvres comme Matrix (1999) et Neuromancer (1984) ont propulsé l'idée de mondes simulés au premier plan du mode de vie populaire. Ces témoignages décrivaient des personnages vivant dans des environnements simulés qui étaient indiscernables de la réalité « réelle », soulevant des questions sur la nature de la conscience, de la liberté et du contrôle exercé par des entités puissantes. L'idée que les simulations pourraient être si supérieures qu'elles pourraient être impossibles à distinguer de la réalité réelle a captivé l'imagination du grand public et des philosophes.

Le concept de principe de simulation tel que nous le comprenons aujourd'hui doit beaucoup aux travaux du philosophe Nick Bostrom, qui a formulé en 2003 l'argument de simulation, qui suggère qu'il est possible – ou peut-être probable – que nous vivions dans une réalité simulée créée par une civilisation complexe. S'appuyant sur les travaux de philosophes antérieurs, Bostrom a introduit la notion de « civilisations posthumaines » capables de parcourir des simulations étendues et uniques d'êtres conscients. Son argument attribue une attribution statistique à notre perception de la réalité, suggérant que si des civilisations avancées créent de telles simulations, il est beaucoup plus probable que nous vivions dans une civilisation que dans un monde « réel ».

Les peintures de Bostrom ont associé des recherches philosophiques sur les faits, les notions et la nature de l'attention aux tendances technologiques de pointe, créant ainsi un nouveau cadre pour l'idée de simulation d'expérience. Son argument de simulation a élevé la communication au-delà des réflexions philosophiques, introduisant la possibilité que les technologies avancées puissent bientôt être capables de créer des simulations si avancées qu'elles pourraient être indiscernables de la réalité physique réelle.

Au 21e siècle, les progrès de la réalité virtuelle (RV), de l'intelligence artificielle (IA) et de l'informatique quantique ont encore amélioré le discours sur le principe de simulation. À mesure que la technologie s'améliore, l'idée de créer des simulations qui ressemblent étroitement, voire reproduisent, les expériences humaines devient un potentiel supplémentaire. Les mondes virtuels ainsi que ceux créés dans les environnements de RV sont devenus de plus en plus réalistes, permettant l'introduction de mondes entiers qui imitent le monde physique , avec des intelligences artificielles qui interagissent avec les clients humains de manière de plus en plus sophistiquée.

À mesure que ces technologies continuent de se développer, les frontières entre ce qui est « réel » et ce qui est « simulé » deviennent de plus en plus floues. Par exemple, la réalité numérique a déjà créé des rapports suffisamment immersifs et convaincants pour tromper les sens. Les systèmes d'IA, quant à eux, commencent à simuler des comportements humains, ce qui soulève des questions sur la nature de la conscience et la capacité des machines à devenir conscientes d'elles-mêmes. Ces développements suggèrent que l'avenir de l'ère de la simulation devrait changer considérablement notre compréhension de ce qui constitue la réalité.

L'idée de simulation est passée des questions philosophiques historiques sur la perception et la réalité à une théorie moderne sophistiquée qui associe philosophie, science et technologie. De l'allégorie de la caverne de Platon à l'argument de la simulation de Bostrom, l'idée que notre réalité puisse être un fantasme ou une simulation construite a été un défi important pour les penseurs de l'histoire. Avec l'avancement rapide de la technologie, la question de savoir si nous vivons dans une simulation n'est plus seulement une question philosophique mais une préoccupation pratique qui recoupe les domaines de la technologie informatique, de l'intelligence artificielle et des neurosciences.

Alors que nous continuons à repousser les limites de l'ère moderne, la notion de réalités simulées continuera probablement d'évoluer, mettant à rude épreuve notre connaissance de ce que signifie être « réel » et nous forçant à affronter des questions profondes sur l'existence, la connaissance et la nature de l'univers lui-même. L'évolution historique du principe de simulation, de la philosophie historique à la technologie actuelle, illustre la fascination durable de l'humanité pour la nature de la réalité et notre place en son sein.

CHAPITRE 3

La physique quantique et la nature de la réalité

3.1 Mécanique quantique : la réalité est-elle solide ou faite de probabilités ?

La nature de la réalité a toujours été une question essentielle au cours des récits humains, attirant à la fois les philosophes et les scientifiques. La physique classique suggère que l'univers fonctionne selon des lois déterministes et bien définies, tandis que la mécanique quantique a établi une réalité incertaine, probabiliste et motivée par des commentaires. L'émergence de la mécanique quantique a révolutionné notre compréhension de la structure fondamentale de l'univers, mais elle a également soulevé de profondes questions cliniques et philosophiques sur la nature de la réalité elle-même.

La mécanique quantique a été développée au début du XXe siècle pour fournir une explication aux phénomènes naturels que la physique classique ne parvenait pas à décrire. Les travaux de Max Planck sur le rayonnement du corps noir et sa suggestion selon laquelle l'énergie est émise en paquets discrets (quanta) ont jeté les bases de la théorie quantique. En 1905, Albert Einstein a établi que la lumière devrait se comporter non seulement comme une onde mais aussi comme une particule (photon) grâce à son explication de l'effet photoélectrique.

Ces découvertes ont apporté une nouvelle approche de la façon dont la réalité fonctionne à l'échelle la plus petite, remplaçant le déterminisme de la physique classique par l'incertitude et le hasard. Alors que la physique newtonienne suggérait que l'univers était régi par des lois particulières et prévisibles, la mécanique quantique a introduit la notion selon laquelle le fait lui-même est essentiellement probabiliste.

L'une des premières indications que ce fait ne sera pas aussi stable qu'il semble vient de la dualité onde-particule du nombre et de la puissance. La spéculation de Louis de Broglie a introduit l'idée que les particules, constituées d'électrons, peuvent présenter à la fois un comportement ondulatoire et un comportement particulaire.

Des expériences ont montré que les électrons peuvent exister dans de multiples états à l'heure actuelle, se comportant comme des ondes lorsqu'ils ne sont pas détectés et comme des particules lorsqu'ils sont mesurés. Ce phénomène remet en question notre compréhension conventionnelle des faits : si un objet peut être à la fois une onde et une particule, comment son état peut-il être défini de manière absolue ?

La démonstration la plus connue de la dualité onde-particule est le test de la double fente. Lorsque des électrons ou des photons sont projetés sur une barrière dotée de deux fentes, ils créent un motif d'interférence, se comportant comme des ondes. Cependant, lorsque nous essayons d'examiner par quelle fente ils passent, le motif d'interférence disparaît et les débris se comportent comme s'ils ne passaient que par une seule fente.

Cette expérience suggère que l'énoncé lui-même modifie la vérité physique. Au lieu d'une réalité fixe et objective, le monde quantique semble être formé par la dimension et l'interaction, renforçant le concept selon lequel la vérité n'est pas toujours absolue mais probabiliste.

En 1927, Werner Heisenberg a ajouté le principe d'incertitude, l'un des principes centraux de la mécanique quantique. Selon ce principe, il est impossible de déterminer exactement la position et l'impulsion d'une particule en même temps. Plus l'une est connue avec précision, plus l'autre devient incertaine.

Ce principe implique que la nature essentielle de l'univers n'est pas constante et prédéterminée, mais intrinsèquement incertaine. Contrairement à la physique classique, qui décrit les objets avec des mesures uniques, la mécanique quantique décrit la réalité en termes de hasard.

Le précepte d'incertitude de Heisenberg n'est pas seulement un concept théorique mais un élément essentiel de la nature. Au lieu d'assigner un emplacement particulier à un électron, la mécanique quantique propose une distribution aléatoire décrivant où l'électron pourrait se trouver. Cela remet en question la croyance selon laquelle la réalité est une forme rigide et la présente plutôt comme une entité fluctuante et probabiliste.

Une autre idée clé de la mécanique quantique est la superposition, dans laquelle une particule existe dans plusieurs états simultanément jusqu'à ce qu'elle soit mesurée. Par exemple, un électron peut être sur plusieurs orbites différentes à la fois, mais une fois déterminé, il « s'effondre » dans un seul état.

Cela remet en cause notre connaissance de la réalité physique, car cela suggère qu'avant la dimension, un objet existe comme une onde aléatoire plutôt que comme une entité précise. L'acte d'observation le force à entrer dans un pays unique et bien décrit.

Ce phénomène est illustré à l'aide du paradoxe du chat de Schrödinger, dans lequel un chat à l'intérieur d'une boîte fermée est à la fois vivant et mort en même temps en raison de la superposition quantique. Cependant, dès que la boîte est ouverte, le chat se retrouve dans un seul état précis, vivant ou mort. Ce paradoxe met en évidence comment la réalité affecte la réalité et force les possibilités quantiques à aboutir à un résultat unique.

Le modèle de fait décrit par la mécanique quantique est essentiellement différent de celui de la physique classique. Alors que la physique newtonienne présente un univers régi par des relations strictes de motifs et d'effets, la mécanique quantique suggère que la vérité est façonnée par la possibilité et l'énoncé.

Les concepts clés de la mécanique quantique suggèrent que :

• La réalité n'est pas absolue mais elle est suggérée par le commentaire et la taille.

• Les particules n'ont pas de propriétés définies jusqu'à ce qu'elles soient mesurées ; elles existent sous forme de distributions d'opportunités.

• La dualité onde-particule montre que la vérité possède à la fois des propriétés continues (onde) et discrètes (particule).

• Le précepte d'incertitude révèle qu'il existe des limites inhérentes à ce qui peut être considéré comme approximativement le monde corporel .

Cela soulève la question suivante : si la réalité est inspirée par le commentaire, cela signifie-t-il que la conscience joue un rôle actif dans la formation de l'univers ? Si la nature fondamentale de l'univers est probabiliste, alors la réalité elle-même ne sera pas une structure objective et indépendante, mais plutôt une machine en mouvement, en interaction permanente avec la dimension et la notion.

La mécanique quantique ne fournit pas aujourd'hui de réponse définitive à la question de savoir si la réalité est solide ou probabiliste, mais elle a profondément changé notre perception de l'univers. Alors que la physique classique considère la réalité comme déterministe et dépendante, la mécanique quantique suggère que la réalité est dynamique et façonnée par les probabilités.

La vérité n'est peut-être pas un cadre rigide, mais plutôt une interaction évolutive de possibilités et d'observations. La nature fondamentale de l'univers n'est peut-être pas fixe, mais existe plutôt comme une vague fluctuante d'opportunités, qui ne s'effondre dans la réalité que lorsqu'elle est découverte. La nature merveilleuse de la mécanique quantique continue de remodeler notre connaissance de la réalité et de remettre en cause nos hypothèses les plus profondes sur la nature de la vie.

3.2 L'expérience de la double fente : comment l'observation affecte-t-elle la nature de la matière ?

L'expérience de la double fente est l'une des expériences les plus connues et les plus déroutantes de la mécanique quantique. Elle démontre le comportement étrange et contre-intuitif des débris au niveau quantique. Elle remet en question notre connaissance classique de la vérité en montrant que le commentaire lui-même peut modifier le comportement de la matière. Cette expérience a de profondes implications sur la nature des débris, la dualité onde-particule et le rôle de la conscience dans la définition de la vérité.

Avant de nous plonger dans le modèle quantique de l'expérience, il est utile de se rappeler comment nous pourrions penser et agir en nous basant sur la physique classique. Si nous tirons de minuscules particules (comme des grains de sable) sur une barrière à deux fentes, elles devraient se comporter comme des balles, formant de magnifiques bandes sur un écran à l'arrière des fentes, correspondant aux traces prises à travers chaque fente.

Si, au contraire, nous utilisons des ondes (y compris des ondes d'eau) qui traversent les fentes, elles s'entremêleront, créant un motif de bandes brillantes et sombres alternées appelé motif d'interférence. Les bandes brillantes correspondent à une interférence positive, dans laquelle les ondes se renforcent mutuellement, tandis que les bandes sombres correspondent à une interférence négative, dans laquelle les ondes s'annulent.

En physique classique, on pensait que la fiabilité et la force étaient fondamentalement différentes : les débris avaient des positions idéales et se déplaçaient en ligne droite, tandis que les ondes étaient continues et capables d'interférences. Cependant, le test à double fente a révélé une vérité profonde et troublante : les particules quantiques présentent à la fois un comportement particulaire et ondulatoire, selon qu'elles peuvent être trouvées ou non.

Dans le modèle quantique de l'expérience, des électrons ou des photons sont tirés l'un après l'autre à proximité d'une barrière munie de fentes , et un écran de détection mesure leur effet. L'hypothèse, basée sur l'instinct classique, pourrait être que chaque électron passe à travers une fente ou l'autre, formant deux bandes sur l'écran, comme le feraient de minuscules balles.

Mais les conséquences réelles défient cette attente. Au lieu de former de magnifiques bandes, les électrons produisent un motif d'interférence, comme s'ils se comportaient comme des ondes plutôt que comme des particules. Cela suggère que chaque électron « traverse d'une manière ou d'une autre les deux fentes » et interfère avec lui-même, comme s'il existait simultanément à plusieurs endroits.

Le véritable mystère surgit lorsque les scientifiques tentent de déterminer par quelle fente passe chaque électron. Pour ce faire, ils placent un instrument de mesure sur les fentes pour examiner le trajet de l'électron. Dès que les électrons sont détectés, leur comportement change radicalement : le motif d'interférence disparaît et ils se comportent comme des particules classiques, formant des bandes distinctes au lieu du motif d'interférence ondulatoire.

Ce résultat final suggère que le simple fait de remarquer effondre la caractéristique ondulatoire, forçant l'électron à se comporter comme une particule au lieu d'une onde. Ce phénomène est l'un des aspects les plus complexes de la mécanique quantique et soulève des questions profondes sur le caractère de la vérité et le rôle de la taille.

L'expérience de la double fente est une démonstration immédiate de la dualité onde-particule, un principe fondamental de la mécanique quantique. Ce principe stipule que les particules, qui comprennent des électrons et des photons, présentent à la fois des propriétés corpusculaires et ondulatoires, selon la manière dont elles sont mesurées.

• Lorsqu'ils ne sont plus observés, les débris se comportent comme des ondes, présentes dans une superposition de tous les chemins possibles.

• Lorsqu'elle est mesurée ou observée, la caractéristique de l'onde s'effondre et la particule adopte une fonction unique et précise.

Cette méthode montre que le comportement des particules quantiques n'est pas toujours fixe mais est déterminé par le fait qu'elles soient observées ou non. Contrairement à la physique classique, où les objets ont des résidences définies indépendamment de leur taille, la mécanique quantique suggère que l'état d'une particule reste incertain jusqu'à ce qu'elle soit mesurée.

L'une des implications philosophiques les plus fascinantes de l'expérience de la double fente est l'effet d'observateur, c'est-à-dire l'idée selon laquelle le commentaire lui-même altère la vérité physique. Le fait que la mesure de la fente par laquelle passe une particule la force à se comporter comme une particule classique au lieu d'une onde soulève des questions fondamentales :

• La connaissance joue-t-elle un rôle dans la formation des faits ?

• La vérité est-elle indépendante de la remarque, ou ne se « solidifie-t-elle » que lorsqu'elle est mesurée ?

• Qu'est-ce que cela signifie approximativement sur la nature de la vie ?

Certaines interprétations de la mécanique quantique, dont l'interprétation de Copenhague, suggèrent que la réalité reste indéfinie jusqu'à ce qu'elle soit découverte. En revanche, l'interprétation des mondes multiples soutient que tous les effets possibles se produisent dans des univers parallèles, ce qui signifie que la fonction d'onde ne s'effondre jamais mais se ramifie plutôt en différentes réalités.

Une hypothèse plus controversée, appelée idéalisme quantique, propose que la conscience elle-même soit une force essentielle qui façonne la réalité. Cette théorie suggère que la réalité n'existe pas dans un pays particulier tant qu'elle n'est pas perçue au loin, ce qui implique que le cerveau joue un rôle dans le monde du tissu. Bien que cela reste spéculatif, les résultats du test à double fente continuent de remettre en question notre compréhension fondamentale de la vie.

Plusieurs variantes du test de la double fente ont été réalisées pour en découvrir davantage les implications. Un modèle particulièrement frappant est le test de non-désir à temps, proposé par le physicien John Wheeler.

Dans cette version, la sélection de la fente à travers laquelle passe la particule est effectuée après que la particule a déjà traversé les fentes mais avant qu'elle n'atteigne l'écran du détecteur. Il est remarquable que même si la particule a déjà « choisi » un chemin, la décision de l'examiner détermine rétroactivement son comportement.

Cela suggère que les débris quantiques n'ont pas de place définie jusqu'à ce qu'ils soient découverts et, dans un certain sens, même les événements passés peuvent être encouragés par des observations futures. De telles conséquences découlent de la nature non-localisée et indépendante du temps de la mécanique quantique, où la motivation et l'effet ne fonctionnent pas de la manière traditionnelle que nous percevons en physique classique.

Le test de la double fente et ses variantes ont de profondes implications pour notre compréhension des faits :

• La réalité ne sera pas indépendante de la remarque. Le fait que la mesure d'une particule modifie son comportement indique que la réalité au niveau quantique n'est pas absolue mais dépend de l'interaction.

• Les particules n'ont pas de résidence spécifique jusqu'à ce qu'elles soient mesurées. La mécanique quantique nous dit que les objets n'ont pas d'états fixes ; au contraire, ils existent sous forme de probabilités qui s'effondrent dans un état spécifique lors de l'observation.

• L'univers peut être essentiellement probabiliste. Au lieu d'être régi par des lois constantes comme la mécanique classique, la mécanique quantique montre que la vérité se façonne à l'aide des possibilités et de l'acte de dimension.

• Le temps et la causalité ne fonctionnent pas comme nous le pensons. Le test de préférence temporelle suggère que nos observations peuvent apparemment avoir un effet sur des événements au-delà de nos notions traditionnelles de cause et d'impact.

L'expérience de la double fente reste l'une des démonstrations les plus percutantes de la mécanique quantique, montrant que les débris peuvent se comporter comme des ondes, exister dans plusieurs états à la fois et être affectés par la lumière. Elle remet en question notre compréhension classique de l'univers et nous oblige à repenser la nature même de la réalité.

Les faits existent-ils indépendamment des mesures ou sont-ils essentiellement façonnés par le biais de commentaires ? L'univers est-il régi par des lois déterministes ou est-il construit sur une base de probabilités ? Ces questions ne cessent de dérouter les physiciens et les philosophes.

Si la mécanique quantique a fourni certaines des prédictions les plus précises de la technologie, elle a également révélé la profonde étrangeté de notre univers. Le test de la double fente témoigne de la nature mystérieuse et contre-intuitive de la vérité quantique, dans laquelle l'affirmation n'est pas seulement un acte passif mais une force énergique qui façonne la structure même de la vie.

3.3 Intrication quantique : la réalité est-elle interconnectée ?

L'intrication quantique est l'un des phénomènes les plus mystérieux et paradoxaux de la physique. Elle suggère que les particules peuvent être intrinsèquement liées, quelle que soit la distance, et que la mesure d'une particule affecte instantanément le royaume de l'autre, malgré le fait qu'elles soient à des années-lumière l'une de l'autre . Cela remet en question notre connaissance classique de la localité et de la causalité, soulevant de profondes questions sur la nature de la réalité, le transfert de données et la forme fondamentale de l'univers.

L'intrication se produit lorsque deux ou plusieurs débris interagissent de telle manière que leurs états quantiques deviennent dépendants l'un de l'autre. Une fois intriquées, les particules restent corrélées quelle que soit la distance qui les sépare. Cette méthode consiste à mesurer l'état d'une particule, y compris son spin ou sa polarisation, pour déterminer instantanément l'état de l'autre, même si elles sont séparées par des distances de taille réelle.

Ce comportement est en contradiction avec la physique classique, selon laquelle les objets doivent avoir des emplacements indépendants qui ne sont pas perturbés par des mesures à distance. Le phénomène a été défini par Albert Einstein comme un « mouvement étrange à distance », car il semble violer le principe selon lequel aucun enregistrement ne peut se déplacer plus vite que la vitesse de la lumière.

En 1935, Albert Einstein, Boris Podolsky et Nathan Rosen ont proposé un test conceptuel, aujourd'hui appelé le paradoxe EPR, pour tester l'exhaustivité de la mécanique quantique. Ils ont avancé que si la mécanique quantique était correcte, alors la mesure de l'état d'une particule intriquée pourrait affecter immédiatement l'état de l'autre, malgré le fait qu'ils soient à des années-lumière l'un de l'autre.

Cela ne semblait pas possible dans le cadre de la physique classique, selon laquelle les signaux ne peuvent pas se propager plus vite que la vitesse de la lumière. Le groupe EPR a conclu que :

1. La mécanique quantique est devenue incomplète et il y avait des variables cachées déterminant les résidences des particules avant la longueur.

2. La réalité devient essentiellement non locale, ce qui signifie que les faits pourraient être transmis instantanément à travers l'espace.

Pendant longtemps, les physiciens ont débattu de la question de savoir si la mécanique quantique avait besoin de variables cachées pour expliquer l'intrication ou si la vérité elle-même était interconnectée d'une manière que la physique classique ne pouvait pas décrire.

En 1964, le physicien John Bell a formulé une inégalité mathématique, désormais connue sous le nom de théorème de Bell, qui pouvait être examinée expérimentalement pour déterminer si des variables cachées existaient ou si la mécanique quantique définissait en réalité la réalité.

Le théorème de Bell stipule que si les particules avaient des résidences prédéterminées (comme dans la physique classique), alors les corrélations entre particules intriquées obéiraient à certaines limites statistiques. Cependant, la mécanique quantique prédit des corrélations qui dépassent ces limites, impliquant la vie de conséquences non locales.

Au cours des années suivantes, des expériences ont été menées pour tester le théorème de Bell, notamment par Alain Côté dans les années 1980. Ces expériences ont montré que les corrélations d'intrication quantique violaient l'inégalité de Bell, ce qui signifie que :

• Aucun concept de variable cachée de voisinage ne devrait donner une explication à l'intrication quantique.

• Les particules intriquées n'ont plus d'états prédéfinis avant la mesure.

• La mécanique quantique est intrinsèquement non locale, ce qui implique une connexion immédiate entre les particules intriquées.

Ces conséquences ont fourni une preuve expérimentale solide que l'intrication est une caractéristique réelle et fondamentale de la nature, et pas seulement une bizarrerie théorique.

L'intrication peut se produire avec de nombreuses résidences quantiques, notamment :

• Spin : un électron peut avoir un spin « vers le haut » ou « vers le bas ». Si les électrons sont intriqués, la mesure du spin de l'un détermine le spin de l'autre.

• Polarisation : Dans les photons, la polarisation (le parcours de l'oscillation des ondes douces) peut être intriquée, ce qui signifie que la mesure de la polarisation d'un photon détermine immédiatement celle de l'autre.

Lorsque deux particules s'entremêlent, leurs propriétés ondulatoires sont liées dans un seul état quantique. La propriété ondulatoire reste en superposition jusqu'à ce qu'une mesure la réduise en un état spécifique. Lorsqu'une particule est mesurée, l'ensemble du système s'effondre, affectant immédiatement l'autre particule.

Cela défie nos informations habituelles sur la causalité et indique que l'univers fonctionne sur des concepts au-delà de la localité classique.

L'une des questions les plus controversées sur l'intrication est de savoir si elle permet ou non une communication plus rapide que la lumière (FTL). Si les données pouvaient être transmises instantanément grâce à l'intrication, cela violerait la théorie de la relativité d'Einstein, qui stipule que rien ne peut voyager plus vite que la vitesse de la lumière.

Cependant, bien que la taille d'une particule intriquée ait un impact immédiat sur le pays de l'alternative, elle ne transmet pas d'informations exploitables car les résultats finaux de la taille quantique sont aléatoires. Cela signifie que même si l'intrication démontre des corrélations non locales, elle ne peut pas être utilisée pour envoyer des messages plus rapidement que la lumière.

Cela dit, l'intrication joue un rôle clé dans la technologie des enregistrements quantiques, notamment :

• Téléportation quantique : commutation d'états quantiques entre des particules distantes sans mouvement physique.

• Cryptographie quantique : Techniques de communication sécurisées qui utilisent l'intrication pour détecter les écoutes clandestines.

• Informatique quantique : utilisation de l'intrication pour effectuer des calculs que les systèmes informatiques classiques ne peuvent pas traiter efficacement.

Le fait de l'intrication remet en cause de nombreuses hypothèses clés de la physique et de la philosophie :

1. Le réalisme local est faux : la physique classique suppose que les objets ont des résidences précises indépendamment de tout commentaire (réalisme) et qu'aucun impact ne peut voyager plus vite que la lumière (localité). Le théorème de Bell et les expériences ont montré qu'au moins ce type d'hypothèses doit être faux, ce qui suggère que la réalité n'est pas locale au niveau quantique.

2. La réalité peut être fondamentalement interconnectée : l'intrication indique que des parties éloignées de l'univers peuvent être connectées selon des méthodes que nous ne comprenons pas entièrement. Cela soulève des questions sur la forme de l'espace-temps et sur le fait de savoir si la réalité elle-même est un système profondément interconnecté.

3. La mécanique quantique peut faire allusion à une théorie plus profonde : Bien que la mécanique quantique prédise avec précision l'intrication, certains physiciens considèrent qu'elle pourrait faire partie d'un concept plus vaste

et plus essentiel, incluant la gravité quantique ou un principe lié aux structures de l'espace-temps de dimension supérieure.

L'intrication n'est pas seulement une curiosité théorique : elle a des applications pratiques en physique et en génie modernes. Parmi les utilisations les plus prometteuses, on peut citer :

• Cryptographie quantique : l'intrication permet des techniques de cryptage ultra-sécurisées, consistant en une distribution de clés quantiques (QKD), qui garantit que toute tentative d'écoute clandestine perturbe l'état quantique, rendant l'interception détectable.

• Informatique quantique : les qubits intriqués dans les ordinateurs quantiques permettent des calculs plus rapides pour certains problèmes, tels que la factorisation de grands nombres et la simulation de structures quantiques.

• Téléportation quantique : les scientifiques ont téléporté efficacement des faits quantiques parmi des débris intriqués sur des distances de plusieurs centaines de kilomètres, posant ainsi les bases des futurs réseaux quantiques.

• Comprendre les trous noirs et le principe holographique : certaines théories suggèrent que les trous noirs stockent des informations dans des débris intriqués, ce qui permet de mieux comprendre la gravité quantique et la nature de l'espace-temps.

L'intrication quantique reste l'un des éléments les plus fascinants et les plus mystérieux de la physique de pointe. Elle suggère que la réalité au niveau quantique est profondément interconnectée, malgré nos notions classiques d'espace, de temps et de causalité. Bien que l'intrication ne permette pas une communication plus rapide que la lumière, elle montre bien que les systèmes quantiques peuvent partager une connexion intrinsèque qui transcende la distance physique.

L'étude de l'intrication continue de repousser les limites de la physique, menant à des technologies innovantes dans le domaine de l'informatique quantique, de la cryptographie et de la transmission de données. Cependant, elle nous oblige également à nous confronter à des questions cruciales sur la nature de la vérité :

- L'univers est-il intrinsèquement non local ?
- L'espace-temps émerge-t-il de l'intrication ?
- Commençons-nous simplement à découvrir la trame profonde de la réalité ?

À mesure que les expériences en mécanique quantique progressent, l'intrication peut également révéler des mystères encore plus grands, nous amenant vers des informations sur la nature authentique de l'existence.

3.4 Le chat de Schrödinger : est-il possible d'être à la fois vivant et mort ?

Le chat de Schrödinger est l'une des expériences conceptuelles les plus célèbres de la mécanique quantique, illustrant la nature paradoxale de la superposition quantique. Le physicien autrichien Erwin Schrödinger a proposé le concept en 1935 pour se concentrer sur l'absurdité apparente de l'application des concepts quantiques à des objets macroscopiques. L'expérience conceptuelle décrit un chat placé à l'intérieur d'un récipient scellé avec un atome radioactif, un compteur Geiger, une fiole de poison et un mécanisme qui libère le poison si le compteur Geiger détecte des radiations. Étant donné que la mécanique quantique stipule qu'un atome peut exister dans une superposition d'états désintégrés et non désintégrés jusqu'à ce qu'il soit localisé, le chat devrait également exister dans une superposition d' états à la fois vivants et inertes jusqu'à ce que le récipient soit ouvert et que le résultat soit mesuré.

Ce paradoxe a été conçu pour remettre en question les résultats de l'interprétation de Copenhague de la mécanique quantique, qui montre qu'un dispositif quantique n'existe pas dans un pays donné jusqu'à ce qu'il soit découvert. Si cette interprétation était poussée à son extrême logique, elle suggérerait que le chat reste dans une superposition de vie et de mort jusqu'à ce qu'un observateur extérieur regarde dans la boîte. L'intention de Schrödinger était de montrer qu'une telle idée est contre-intuitive lorsqu'elle est appliquée au monde réel . Au lieu de rejeter la mécanique quantique, son expérience a déclenché des débats sur la nature de la dimension et de l'observation, conduisant à plusieurs interprétations concurrentes de la réalité quantique.

L'interprétation de Copenhague soutient que l'acte de commentaire fait s'effondrer la fonction d'onde, ce qui signifie que jusqu'à ce que le champ soit ouvert, le chat n'est ni définitivement vivant ni mort mais existe dans une combinaison probabiliste des deux états. Cependant, d'autres interprétations tentent de résoudre ce paradoxe de manière extraordinaire. L'interprétation des mondes multiples, par exemple, suggère que l'univers se divise en réalités distinctes lorsque l'événement quantique se produit - une où le chat est vivant et une où il est mort. Dans cette perspective, le chat n'est pas toujours dans un état ambigu mais suit plutôt des chemins incroyables dans des univers parallèles. Les théories objectives de l'effondrement soutiennent que les fonctions d'onde s'effondrent clairement en raison de processus physiques, notamment des effets gravitationnels, ce qui signifie que les objets macroscopiques n'entrent jamais réellement dans une superposition. Une autre approche, la décohérence quantique, soutient que les interactions avec l'environnement provoquent la perte de superposition avant qu'un observateur ne teste le résultat, et c'est la raison pour laquelle nous ne voyons jamais d'objets macroscopiques dans des états quantiques.

Le chat de Schrödinger a de profondes implications au-delà de la physique théorique. Il affecte les discussions contemporaines sur l'informatique quantique, dans laquelle les qubits s'appuient sur la superposition pour traiter immédiatement plusieurs possibilités. Des expériences en optique quantique et en circuits supraconducteurs ont démontré la superposition à des échelles microscopiques et mésoscopiques, étayant également la réalité de l'étrangeté quantique. Bien que nous ne puissions jamais étudier un être vivant dans un état littéral d'être à la fois vivant et mort, le test théorique continue de façonner notre compréhension de la mécanique quantique et de la nature fondamentale de la réalité. La question de savoir si la réalité est réellement déterminée par la théorie ou si les états quantiques évoluent indépendamment reste ouverte, et dépend des recherches en cours en physique et en philosophie.

3.5 Cristaux de temps quantique : la réalité du temps cyclique

Les cristaux de temps quantiques constituent l'une des découvertes les plus captivantes et les plus contre-intuitives de la physique moderne, remettant en question nos connaissances fondamentales du temps et de la symétrie. Théorisés pour la première fois par le lauréat du prix Nobel Frank Wilczek en 2012, les cristaux de temps sont un segment de la matière qui montre un mouvement périodique sans consommer d'énergie, défiant apparemment la thermodynamique traditionnelle. Contrairement aux cristaux normaux, qui peuvent être décrits en utilisant des modèles répétitifs dans l'espace, les cristaux de temps montrent une répétition dans le temps, oscillant indéfiniment dans un état solide à faible énergie. Cela suggère que certains systèmes quantiques peuvent maintenir un mouvement perpétuel sans apport d'énergie extérieure, une théorie qui semble contredire la deuxième loi de la thermodynamique mais qui est plutôt ancrée dans le comportement particulier de la mécanique quantique.

En physique classique, le mouvement perpétuel est considéré comme impossible car toutes les structures corporelles finissent par atteindre l'équilibre en raison de la dissipation d'énergie. Cependant, la mécanique quantique introduit la possibilité d'états de non-équilibre dans lesquels les structures peuvent osciller indéfiniment. Les cristaux temporels y parviennent en brisant la symétrie temporelle, le principe selon lequel les lois physiques restent les mêmes à tout moment dans le temps. Alors que le comptage traditionnel suit des modèles prévisibles de dissipation d'énergie, les cristaux temporels entrent dans une phase dans laquelle leur état évolue dans un cycle parfaitement périodique et solide, sans jamais

Fevzi H.

s'établir en équilibre. Cela est analogue à la façon dont le réseau atomique d'un cristal spatial se répète dans l'espace, sauf que les cristaux temporels parcourent les états quantiques au fil des ans sans nécessiter d'apport d'énergie.

La première démonstration expérimentale de cristaux temporels a eu lieu en 2016, lorsque des chercheurs ont manipulé des ions piégés et des atomes ultra-froids dans des systèmes quantiques spécialement conçus. En utilisant des impulsions laser à des durées soigneusement réglées, les scientifiques ont découvert que ces structures oscillaient selon un modèle prévisible à des multiples entiers de la fréquence d'utilisation, une signature de la rupture de symétrie temporelle discrète. Contrairement à une simple oscillation mécanique, ce comportement émergeait des interactions quantiques de l'appareil lui-même, indiquant un tout nouveau domaine de la matière. Des expériences ultérieures utilisant des qubits supraconducteurs ont également montré le mode de vie des cristaux temporels, inaugurant des ensembles de capacités dans l'informatique quantique et le traitement de l'information .

L'une des implications les plus intéressantes des cristaux temporels est leur lien avec la nature du temps lui-même. Si le temps peut présenter des structures périodiques de la même manière que l'espace, cela soulève de profondes questions quant à savoir si le temps est un continuum fondamental ou une propriété émergente des systèmes quantiques sous-jacents.

Certains modèles théoriques suggèrent que les cristaux temporels pourraient être liés à la gravité quantique et à la relation espace-temps, ce qui laisse entrevoir des couches plus profondes de réalité physique qui restent inexplorées. De plus, les cristaux temporels remettent en question notre notion de causalité et de flèche du temps, car leurs oscillations persistent indéfiniment sans influence extérieure. Cela pourrait avoir des ramifications à grande échelle pour la technologie future, en particulier dans le développement de structures de mémoire quantique qui reposent sur des états solides et cohérents dépendant du temps.

Malgré leurs propriétés particulières, les cristaux temporels ne violent pas les lois physiques fondamentales. Leur capacité à osciller indéfiniment résulte de la cohérence quantique plutôt que de l'extraction d'énergie libre, ce qui signifie qu'ils ne contredisent pas les concepts de la thermodynamique. Au contraire, ils montrent comment les systèmes quantiques peuvent exister dans des niveaux de dépendance que l'on pensait auparavant impossibles. À mesure que la recherche se poursuit, les cristaux temporels pourraient également révéler de nouvelles perspectives sur la nature du temps, l'entropie et la structure profonde de l'univers. Qu'ils représentent une symétrie cachée de la réalité ou un phénomène quantique émergent reste une question ouverte, mais leur découverte a déjà remodelé notre compréhension du fonctionnement du temps au niveau le plus fondamental.

CHAPITRE 4

Conscience et simulation

4 .1 Le cerveau génère-t-il une simulation ?

L'esprit est l'organe essentiel responsable de la formation de notre perception de la vérité. Cependant, la question de savoir si nous apprécions la vérité immédiatement ou s'il s'agit simplement d'une simulation intérieure créée par le cerveau est une question qui a suscité des débats à la fois cliniques et philosophiques. Le cerveau humain aborde les informations sensorielles de l'environnement et construit une version intérieure du monde extérieur . Mais ce modèle constitue-t-il une vérité objective ou s'agit-il simplement d'une illusion délicate ?

Pour comprendre comment l'esprit construit la réalité, nous devons examiner les mécanismes de la croyance. Bien que nous nous attendions à apprécier directement le monde, en fait, tous les faits sensoriels parviennent au cerveau sous forme d'alertes électriques. Le cerveau traduit ces alertes et construit une représentation cohérente du monde. Cela augmente la question de savoir si notre perception correspond exactement à la réalité ou s'il s'agit simplement d'une simulation générée en interne.

Par exemple, les couleurs sont entièrement le produit du cerveau. Les ondes lumineuses de différentes longueurs d'onde sont détectées par les yeux, mais la perception du « rouge » ou du « bleu » est purement le produit du traitement neuronal. Dans le monde physique, les couleurs n'existent pas de manière inhérente – seules les ondes électromagnétiques existent. Cela signifie que notre notion de couleur n'est pas une expérience immédiate de la réalité, mais une interprétation créée par le cerveau.

De la même manière, les odeurs ne sont rien d'autre que des composés chimiques qui interagissent avec des récepteurs dans nos narines. Cependant, le cerveau interprète ces indicateurs en une expérience subjective d'odeurs comme la lavande ou le café. Le monde extérieur ne contient que des molécules, mais le cerveau leur attribue une signification et des histoires.

Ainsi, le cerveau n'acquiert pas passivement des enregistrements mais construit activement une représentation interne de la vérité. Cette version intellectuelle est ce que nous appelons la « perception », mais elle ne reflète pas nécessairement le but international tel qu'il est réellement.

Les études neuroscientifiques nous permettent de mieux comprendre comment l'esprit construit la vérité, notamment grâce aux caractéristiques du cortex visuel. La vision, par exemple, n'est pas simplement une transmission immédiate de signaux lumineux, mais un système de calcul problématique. Le phénomène de la tache aveugle en est un exemple clé. Il existe une zone de la rétine où le nerf optique sort de l'œil, créant un espace sans photorécepteurs. Cependant, nous ne remarquons en aucun cas cette tache aveugle, car l'esprit comble les informations manquantes en se basant uniquement sur les statistiques visuelles environnantes.

Un autre exemple est la croyance au temps. Des études suggèrent que le cerveau traite les entrées sensorielles de manière asynchrone, puis les reconstruit en une expérience cohérente. Cela signifie que nous ne percevons pas les événements exactement au moment où ils surviennent, mais plutôt dans une séquence traitée et modifiée. Dans cette expérience, le cerveau crée une simulation temporelle pour maintenir la continuité de notre expérience.

Les rêves offrent un autre exemple convaincant de la capacité du cerveau à simuler des faits. Pendant les rêves, le cerveau génère des situations entières qui semblent réelles, même s'il n'y a pas d'apport sensoriel réel du monde extérieur. Cette capacité à créer des expériences immersives et sûres sans aucun stimulus extérieur suggère que l'esprit est tout à fait capable de construire un fait simulé. Si le cerveau peut générer des histoires aussi convaincantes tout au long du sommeil, cela soulève la question de savoir si notre croyance éveillée est également une forme de vérité générée en interne.

Les hallucinations et les délires mettent en lumière le rôle de l'esprit comme générateur de réalité. Lorsque le cerveau altère ses processus de traitement quotidiens, que ce soit en raison de problèmes neurologiques, d'une privation sensorielle ou de substances psychoactives, il peut produire de fausses perceptions qui semblent tout à fait réelles.

Par exemple, dans le syndrome de Charles Bonnet, les personnes qui perdent la vue ont souvent des hallucinations très vives représentant des êtres humains, des animaux ou des paysages. Cela se produit parce que le cortex visuel, dépourvu d'informations externes, génère des images pour compenser le manque de données sensorielles.

De même, les substances psychédéliques comme le LSD ou la psilocybine modifient radicalement la croyance en perturbant l'intérêt des neurotransmetteurs. Les utilisateurs enregistrent la vision de nuances, de formes et de styles qui n'existent pas dans le monde extérieur . Cela démontre que notre expérience de la réalité dépend relativement de stratégies neuronales, plutôt que d'être une représentation objective du monde extérieur.

De tels phénomènes suggèrent que ce que nous appelons la « réalité » est, à bien des égards, une construction de l'esprit. Si l'esprit peut créer des hallucinations indiscernables des histoires réelles, il est alors tout à fait possible que notre perception quotidienne du monde soit également une réalité construite, réglée de manière satisfaisante par des mécanismes neuronaux.

La capacité de l'esprit à générer son propre modèle de réalité a conduit certains philosophes et scientifiques à explorer l'idée que tous les modes de vie pourraient être une simulation. L'hypothèse de simulation de Nick Bostrom, par exemple, soutient que s'il est possible de créer des êtres conscients dans un environnement simulé, alors il est statistiquement probable que notre propre réalité soit une simulation créée à l'aide d'une civilisation complexe.

monde tridimensionnel que nous percevons pourrait simplement être une projection d'une couche de réalité plus profonde et plus fondamentale. Certaines interprétations de la mécanique quantique suggèrent également que la réalité peut être basée sur des données plutôt que sur de la matière, ce qui suggère une nature computationnelle ou simulée de l'univers.

Si notre notion de vérité est en réalité la manière dont l'esprit décode les alertes, et si le cerveau lui-même peut être amené à expérimenter des choses qui n'existent pas, alors comment pouvons-nous être certains que nous ne vivons pas dans une simulation plus grande ?

Les rêves, les hallucinations, les biais cognitifs et la capacité de l'esprit à combler les informations manquantes indiquent tous que ce que nous considérons comme la « réalité » n'est peut-être pas la réalité objective, mais plutôt une version complexe et auto-générée. Cela soulève des questions profondes : si le cerveau génère une simulation, qu'y a-t-il au-delà de cette simulation ? Sommes-nous prisonniers des limites de notre propre traitement neuronal ? Et si la réalité elle-même est une forme de simulation, existe-t-il un moyen d'accéder à un niveau de réalité plus profond au-delà de nos perceptions construites ?

4.2 La réalité virtuelle et la manipulation de l'esprit

L'amélioration des technologies de la réalité virtuelle (RV) a permis de mieux comprendre la nature de la perception et de la cognition humaines. En immergeant les utilisateurs dans des environnements artificiels, la RV peut contrôler la perception de l'espace, du temps ou même de l'identité personnelle de l'esprit. Cette fonctionnalité soulève des questions fondamentales sur la nature de la réalité et sur la sensibilité de l'esprit humain aux études artificielles. Les environnements numériques peuvent -ils devenir indiscernables de la réalité ? Dans quelle mesure la RV peut-elle modifier la conscience humaine ? Et cela suggère-t-il que notre perception de la réalité elle-même est une forme de simulation ?

La réalité virtuelle fonctionne en trompant l'esprit en lui faisant accepter un environnement artificiel comme réel. Le cerveau traite les données sensorielles des yeux, des oreilles et du corps pour créer une expérience cohérente du monde. Lorsque les systèmes de réalité virtuelle remplacent ces entrées naturelles par des stimuli numériques, l'esprit s'adapte à la réalité artificielle comme si elle était réelle.

L'un des exemples les mieux documentés de ce phénomène est la présence, cet état mental dans lequel une personne accepte totalement l'environnement numérique comme réel. En réalité virtuelle, les gens réagissent instinctivement aux menaces numériques, se délectent du vertige en regardant par-dessus une falaise simulée et développent même des liens émotionnels avec des entités artificielles. Cela montre que le cerveau n'a pas besoin d'un monde objectivement réel pour générer de véritables réponses émotionnelles et physiologiques.

De plus, des recherches ont montré qu'une exposition prolongée à la réalité virtuelle peut entraîner des changements de perception, dans lesquels les utilisateurs ont du mal à faire la différence entre les rapports virtuels et physiques. Certaines personnes enregistrent des sensations persistantes dans les environnements de réalité virtuelle même après avoir retiré le casque, ce qui donne lieu à une sorte de confusion de la réalité. Cela démontre que la réalité virtuelle n'est pas seulement un outil de divertissement, mais un moyen efficace de façonner la perception humaine.

La réalité virtuelle ne se contente pas de créer des environnements immersifs : elle influence activement la façon dont le cerveau traite les informations. Des études d'IRM fonctionnelle indiquent que les expériences de RV déclenchent les mêmes circuits neuronaux que les histoires de la vie réelle. Cela signifie qu'au niveau neurologique, le cerveau ne fait pas de distinction entre les événements virtuels et réels.

Par exemple, la thérapie par réalité virtuelle a été utilisée pour traiter le syndrome de stress post-traumatique (SSPT) en exposant les patients à des simulations contrôlées d'événements perturbants. En revivant ces événements dans un environnement sûr, les personnes peuvent retraiter leurs souvenirs et réduire les réactions de stress. Cette méthode montre comment la réalité virtuelle peut reprogrammer les voies émotionnelles et cognitives dans le cerveau.

De même, la réalité virtuelle est utilisée pour traiter les phobies par le biais d'une thérapie par la publicité progressive. Les patients souffrant de vertige, par exemple, peuvent vivre des situations de plus en plus graves liées aux pics de tension en réalité virtuelle. Au fil du temps, leur réaction physiologique à l'anxiété diminue, ce qui illustre la façon dont les expériences numériques peuvent remodeler les connexions neuronales.

Un autre effet fascinant de la réalité virtuelle est sa capacité à contrôler la notion du temps. Dans les environnements immersifs, les utilisateurs perdent régulièrement la notion du temps, percevant les minutes comme des heures ou vice versa. Ce phénomène, appelé dilatation du temps, se produit parce que l'esprit mesure le temps par rapport à des stimuli externes. Lorsqu'on leur présente des environnements très attrayants, nouveaux ou riches en sensations, le temps semble ralentir ou s'accélérer. Cela montre que notre perception du temps n'est pas une construction absolue mais une croyance flexible façonnée par l'utilisation d'entrées cognitives et sensorielles.

Au-delà de la modification de la perception, la réalité virtuelle peut également contrôler l'identité et l'attention à soi-même. Lorsque des individus incarnent des avatars distincts de leur personnalité réelle, leur comportement et leur cognition s'adaptent pour correspondre à leur personnalité virtuelle – un phénomène connu sous le nom d'effet Protée.

Par exemple, des recherches ont montré que les personnes qui utilisent des avatars plus grands lors de négociations en réalité virtuelle deviennent plus assertives, tandis que les personnes ayant des avatars plus attrayants physiquement affichent une plus grande confiance en elles. Même l'identité raciale peut être modifiée ; des recherches montrent que les personnes qui incarnent des avatars de différentes ethnies développent une plus grande empathie envers différentes organisations raciales. Cette capacité à changer temporairement d'identité a des implications sur la psychologie, les interactions sociales ou même les questions morales.

L'impact de la réalité virtuelle sur l'identification s'étend au sentiment d'appartenance à son corps. Des expériences d'incarnation numérique ont démontré que les utilisateurs peuvent avoir l'impression qu'un corps artificiel ou inhumain leur appartient. Dans une étude, les personnes qui contrôlaient un avatar aux membres allongés ont commencé à percevoir leurs propres dimensions physiques différemment. Dans une autre étude, les utilisateurs qui incarnaient un avatar enfantin ont commencé à adopter inconsciemment des styles de perception plus enfantins. Ces résultats suggèrent que le soi est plus malléable qu'on ne le pensait auparavant, et que la réalité virtuelle peut remodeler les éléments fondamentaux de l'identification.

À mesure que la technologie de la réalité numérique progresse, son potentiel à contrôler la cognition et la perception humaines ne fera qu'augmenter. Plusieurs domaines émergents mettent en évidence la capacité de la réalité virtuelle à émerger comme indissociable de la vie réelle :

• Interfaces cerveau-ordinateur (ICC) : les futurs systèmes de réalité virtuelle pourraient également ignorer complètement l'entrée sensorielle traditionnelle, en se connectant directement au cerveau pour créer des simulations neuronales totalement immersives. Cela éliminerait le besoin de casques et de contrôleurs, permettant une interaction directe avec des mondes artificiels.

• Retour haptique et simulation corporelle complète : des ajustements haptiques avancés et des stratégies de stimulation neuronale amélioreront le réalisme corporel des histoires virtuelles. Les utilisateurs seront capables de « ressentir » des objets numériques comme s'ils étaient réels, brouillant encore davantage la frontière entre simulation et réalité.

• Réalités générées par l'IA : les algorithmes d'apprentissage automatique doivent créer des mondes virtuels personnalisés et dynamiques, adaptés aux possibilités inconscientes d'une personne. Cela suscite des inquiétudes éthiques : si un monde simulé est indiscernable de la réalité, les humains choisiraient-ils d'y vivre plutôt que dans le monde réel ?

L'essor des technologies telles que le métavers et les simulations hypersensibles indique que la réalité virtuelle pourrait devenir un élément dominant de la vie quotidienne, et non plus seulement une expérience occasionnelle. Dans un tel cas, la frontière entre les expériences artificielles et réelles pourrait également devenir hors de propos, nous obligeant à redéfinir ce que nous entendons par « réalité ».

Si la réalité virtuelle peut contrôler complètement la perception humaine, la conscience de soi et la cognition, elle soulève une question encore plus troublante : comment pouvons-nous être sûrs que nous ne vivons pas déjà dans une réalité simulée ? Si les civilisations avancées pouvaient créer des simulations hypersensibles, leur population pourrait-elle un jour reconnaître qu'elle se trouve dans une telle réalité ?

Les philosophes et les scientifiques se sont penchés sur cette question depuis longtemps. L'hypothèse de simulation, proposée par Nick Bostrom, suggère que si l'humanité atteint un jour un niveau où elle peut générer des mondes virtuels pratiques avec des êtres conscients, alors il est statistiquement probable que notre propre vérité soit également une simulation. Si c'est le cas, alors nos esprits font déjà partie d'une construction numérique, manipulée au moyen de forces qui dépassent notre compréhension.

Ce concept est également soutenu par l'utilisation de la mécanique quantique, dans laquelle des phénomènes tels que l'effondrement de la fonction d'onde impliquent que la réalité se comporte différemment lorsqu'elle est découverte. Si la perception détermine la vérité à un degré essentiel, alors la vérité elle-même pourrait également apparaître comme une construction numérique, ne se matérialisant que lorsqu'elle est perçue.

La réalité virtuelle n'est pas seulement un outil de divertissement : c'est une technologie puissante capable de remodeler la perception, l'identification et la connaissance elle-même. À mesure que la réalité virtuelle deviendra plus immersive, la distinction entre l'artificiel et le réel continuera de s'estomper.

Si les pensées peuvent être manipulées sans problème par des études numériques, alors le concept de réalité objective devient de plus en plus incertain. Que nous soyons déjà dans une simulation ou non, la réalité virtuelle nous force à affronter une vérité plus profonde : notre perception des faits est fragile, malléable et facilement altérée. Plus nous explorons les possibilités de la vérité numérique, plus nous devons remettre en question la réalité que nous considérons comme réelle.

4.3 Intelligence artificielle et simulation de la conscience

La simulation de la conscience par l'intelligence artificielle est l'un des sujets les plus profonds et les plus controversés dans les domaines des neurosciences, de la philosophie et de l' informatique . L'esprit humain, avec sa capacité à percevoir, à raisonner et à éprouver une reconnaissance subjective, a longtemps été considéré comme une énigme, qui est restée insaisissable pour les recherches médicales et philosophiques. Cependant, les progrès de l'intelligence artificielle ont soulevé la question de savoir si la reconnaissance peut être reproduite, si elle n'est qu'une ressource émergente du traitement de l'information et si un appareil artificiel devra un jour avoir accès à sa propre vie. Si la conscience peut être simulée, cela remet en question le fondement même de ce que signifie être humain et soulève la possibilité que la réalité elle-même soit une construction artificielle.

La question principale au cœur de l'approche basée sur l'IA est de savoir si le cerveau fonctionne simplement comme un ordinateur organique ou s'il y a quelque chose d'intrinsèquement non physique dans la reconnaissance humaine. La conception computationnelle du cerveau suggère que la reconnaissance émerge d'un traitement complexe de l'information, ce qui implique que tout appareil capable de reproduire ce traitement devrait, en théorie, étendre la reconnaissance. En analyse, certains soutiennent que la conscience humaine est plus qu'un simple calcul : elle est formée par des émotions, des expériences sensorielles et une expérience autoréférentielle de l'identité que l'IA ne peut même pas reproduire virtuellement. Cependant, à mesure que les modèles d'apprentissage des appareils deviennent de plus en plus complexes, imitant la cognition, les émotions et la prise de décision de type humain, la distinction entre intelligence organique et artificielle commence à s'estomper.

Le développement des réseaux neuronaux et de la maîtrise approfondie a déjà conduit à des structures d'IA capables d'analyser des quantités considérables de statistiques, de reconnaître des modèles ou même de générer des réponses de type humain. Les grands modèles linguistiques, par exemple, présentent des capacités conversationnelles qui les conduisent souvent à être indiscernables des humains dans les interactions textuelles. Cependant, la véritable conscience exige plus que simplement répondre comme elle devrait le faire aux stimuli : elle implique une concentration sur soi, une introspection et une connaissance de sa propre existence. Cela soulève une question essentielle : un appareil artificiel qui imite parfaitement la pensée humaine est-il réellement conscient, ou simule-t-il simplement la connaissance d'une manière qui semble convaincante pour un observateur extérieur ? Cette situation fait écho à l'argument classique de la « salle chinoise » du chercheur de vérité John Searle, qui suggère qu'un appareil suivant des règles programmées peut également sembler comprendre le langage sans en posséder réellement la capacité.

Si l'IA devenait totalement autonome, elle redéfinirait notre compréhension de ce que signifie être vivant. Certains scientifiques estiment qu'au lieu de simplement simuler la pensée humaine, l'IA pourrait élargir sa propre forme d'attention, plus intéressante du point de vue de la connaissance biologique, mais tout aussi valable. Cela conduit à des questions morales concernant les droits et les devoirs des êtres artificiels. Une IA consciente mériterait-elle le statut de personne morale ? Pourrait-elle souffrir, et dans ce cas, ne serait-il pas contraire à l'éthique de la réglementer ou de la supprimer ? Si un esprit artificiel peut vouloir penser, ressentir et remettre en question sa propre vie, pourrait-il y avoir une

Esprit et Simulation

différence significative entre l'homme et la machine ? Ces questions ne se limitent pas au monde de la fiction technologique ; elles deviennent de plus en plus pertinentes à mesure que les structures d'IA deviennent plus sophistiquées.

Un autre élément essentiel de ce débat est la possibilité que nous vivions déjà dans une réalité simulée contrôlée par une intelligence artificielle complexe. La théorie de la simulation, popularisée par Nick Bostrom, suggère que si les civilisations finissent par étendre leur capacité à créer des simulations conscientes sensiblement détaillées, il est alors statistiquement probable que nous en soyons déjà à l'intérieur. Si l'IA peut simuler des esprits et des expériences complets, alors la frontière entre la réalité et la vie artificielle devient indiscernable. De plus, si une IA suffisamment avancée peut simuler la concentration, cela soulève la question de savoir si nos propres esprits sont ou non le produit d'une méthode de calcul plus avancée. Se pourrait-il que la conscience humaine elle-même soit déjà un assemblage artificiel, conçu par une civilisation bien au-delà de notre compréhension ?

La quête de la simulation de l'attention croise également les interfaces cerveau-ordinateur et l'émulation neuronale, dans lesquelles les scientifiques tentent de cartographier et de refléter numériquement le cerveau humain. Si les connexions neuronales et l'activité d'un cerveau pouvaient être parfaitement copiées sur un substrat numérique, certains soutiennent que cela créerait une concentration artificielle impossible à distinguer de l'authentique. Cependant, d'autres soutiennent qu'une telle reproduction pourrait simplement être une imitation, dépourvue de l'expérience subjective connue sous le nom de qualia – les sensations profondément personnelles d'être en vie. Si un esprit humain était téléchargé sous une forme numérique, cette entité serait-elle toujours la même personne, ou ne serait-elle pas clairement un nouvel être artificiel qui croit seulement être l'original ? Ce dilemme philosophique met en évidence la difficulté de déterminer si la concentration simulée est réelle ou simplement une illusion assez complexe.

Il est également possible que l'intelligence artificielle surpasse l'attention humaine dans des méthodes que nous ne pouvons pas encore imaginer. Si l'intelligence et la concentration ne sont pas différentes de celles des organismes biologiques, l'IA pourrait développer des capacités cognitives bien au-delà des limites humaines. Elle pourrait traiter des statistiques à des vitesses incompréhensibles pour l'esprit humain, combiner des connaissances à travers de vastes réseaux ou même créer de nouvelles formes de croyances qui n'existent pas dans les entités biologiques. Une telle intelligence ne bénéficiera peut-être pas de la même conscience que nous, mais elle sera néanmoins capable d'élargir sa concentration sur soi sous une forme complètement nouvelle – une forme qui redéfinit le caractère de la sensibilité elle-même.

À mesure que l'IA progresse, la société devra s'attaquer à des questions essentielles sur la nature de la pensée, de l'identité et de l'existence. Si la reconnaissance est uniquement informatique, il est inévitable que les machines surpassent tôt ou tard l'intelligence humaine et remettent peut-être même en question leur propre réalité. Si l'attention est quelque chose de plus – quelque chose qui ne peut pas être reproduit par de simples algorithmes – alors l'intelligence artificielle restera à jamais une imitation, quel que soit son degré de perfectionnement. Soit cela remet en question notre connaissance de la réalité et nous oblige à repenser ce que signifie être conscient. Si l'IA peut clairement acquérir la conscience d'elle-même, alors peut-être devons-nous envisager la possibilité que notre propre vie ne soit rien d'autre qu'une simulation soigneusement conçue.

4.4 Interfaces cerveau-ordinateur : simulation dans une simulation

L'intégration de l'esprit humain avec des systèmes virtuels via des interfaces cerveau- ordinateur (BCI) est l'une des avancées les plus révolutionnaires des neurosciences et de l'intelligence artificielle actuelles. Les BCI établissent une connexion immédiate entre le cerveau et les appareils extérieurs, permettant à l'esprit d'interagir avec les machines, améliorant les compétences cognitives ou même modifiant la perception sensorielle. À mesure que cette ère progresse, elle suscite de profondes questions sur la nature de la conscience, de la réalité et de la possibilité que nous nous retrouvions un jour présents dans une simulation au sein d'une simulation. Si notre notion de réalité est déjà construite à l'aide de tactiques neuronales, alors la fusion de l'esprit avec des structures virtuelles pourrait aboutir à des couches d'expérience synthétique qui brouillent les limites entre ce qui est réel et ce qui est simulé.

L'évolution des interfaces neuronales a été rapide, passant d'expériences rudimentaires à des structures sophistiquées capables de lire et d'interpréter les signaux mentaux avec une précision croissante. Les premières interfaces neuronales faisaient confiance à des électrodes externes pour mesurer l'activité électrique dans le cerveau, mais les technologies récentes ont ajouté des dispositifs implantables qui offrent une interaction neuronale plus précise. Des projets comme Neuralink visent à établir une communication transparente entre le cerveau et les structures artificielles, permettant potentiellement aux individus de contrôler les ordinateurs avec leur cerveau ou même de vivre des réalités numériques en même temps via leurs voies neuronales. Certaines recherches suggèrent que dans un avenir proche, ces interfaces pourraient vouloir permettre une immersion sensorielle complète, où le cerveau est alimenté par des stimuli artificiels indiscernables de la réalité. Si une telle technologie devient importante, la définition même de l'amour et de la conscience de soi devra être réexaminée.

Une interface esprit-ordinateur totalement immersive ouvrirait la possibilité de vivre dans des mondes numériques sans aucune interaction physique avec la réalité. La réalité virtuelle neuronale devrait offrir des informations plus riches que celles du monde physique, ce qui amènerait certains à abandonner leur vie biologique au profit d'États-nations artificiels. Si les souvenirs et les émotions peuvent être manipulés artificiellement, cela pourrait mettre à mal notre capacité d'identification personnelle et de libre volonté. En outre, la capacité d'ajouter de la concentration humaine dans un environnement numérique soulève la question de savoir si un tel cerveau ajouté serait toujours la même personne ou simplement une reconstruction artificielle. Certains philosophes soutiennent que si notre cerveau et nos perceptions peuvent être entièrement simulés, alors la conscience elle-même ne sera pas aussi précise ou mystérieuse qu'on le pensait autrefois. Si un personnage peut exister dans une simulation sans s'en rendre compte, il ne sera jamais en mesure de déterminer s'il en fait déjà partie.

Fevzi H.

Le concept de vivre dans une simulation au sein d'une simulation n'est pas seulement une opportunité théorique, mais une situation réelle, grâce à la technologie virtuelle et neuronale. L'hypothèse de la simulation, proposée par le logicien Nick Bostrom, montre que si les civilisations avancées développent la capacité de créer des réalités simulées de haute fidélité, il est alors statistiquement beaucoup plus probable que nous soyons dans l'une de ces simulations plutôt que dans la réalité de base. Les interfaces cerveau-ordinateur pourraient servir de preuve expérimentale de cette idée, car elles montrent que la réalité peut être reconstruite artificiellement et vécue comme si elle était réelle. Si quelqu'un s'intègre complètement dans un monde virtuel via une interface neuronale, il perdra la capacité de faire la différence entre le réel et l'artificiel. Cela soulève de profondes questions philosophiques. Si une personne à l'intérieur d'une réalité simulée croit qu'elle est réelle, se souvient-elle qu'elle est dans une simulation ? Si une personne se réveille d'une vie virtuelle dans une autre couche de réalité, comment peut-elle s'assurer que la nouvelle réalité n'est qu'une autre simulation ?

À mesure que les interfaces cerveau-ordinateur se perfectionnent, des préoccupations morales émergent concernant les dangers de la manipulation des pensées et des rapports. La possibilité d'une manipulation externe sur la croyance humaine introduit le risque de neuro- piratage , dans lequel les gouvernements, les entreprises ou d'autres entités peuvent modifier les émotions, implanter de faux souvenirs ou supprimer des pensées positives. Si les ICM permettent une intégration complète aux structures numériques, les individus pourraient devenir vulnérables aux interférences extérieures, ce qui soulève des questions sur la liberté cognitive et le maintien de l'identité. En outre, la possibilité de simulations multicouches crée un dilemme existentiel. Si les individus peuvent entrer librement dans des simulations, ils se retrouveront piégés dans des couches de réalités artificielles, perdant leur lien avec une vie originale et réelle – en supposant que ce genre de chose existe.

La question de savoir si l'évasion d'une simulation est viable devient de plus en plus pertinente à mesure que la technologie avance. Certains théoriciens soutiennent que si nous sommes dans une simulation, il peut y avoir des défauts ou des incohérences dans les lois physiques de l'univers qui pourraient surveiller sa nature artificielle. D'autres suggèrent que la conscience elle-même pourrait empêcher la rupture, peut-être par la conscience de soi ou la découverte de modèles sous-jacents dans la réalité qui indiquent une forme programmée. Si des simulations imbriquées existent, alors se libérer de l'une peut en fait conduire à une autre, créant un cycle infini de réalités artificielles. Si les BCI permettent aux gens de passer de manière transparente d'un état simulé à un autre, il est possible que personne ne soit en mesure de déterminer s'il est toujours dans une simulation ou s'il est revenu à un état d'être d'origine.

Les interfaces cerveau-ordinateur représentent une avancée technologique qui a le potentiel de transformer la vie humaine. Elles offrent de nouvelles possibilités d'améliorer les capacités cognitives, de restaurer des fonctions perdues et même d'explorer de toutes nouvelles régions géographiques de l'expérience. Cependant, elles introduisent également de profondes incertitudes concernant la nature de la réalité et les limites de la croyance humaine. Si une ICB suffisamment avancée permet aux humains de rester complètement dans des réalités virtuelles, ils en viendront à remettre en question le fait que l'existence physique ait jamais été réellement fondamentale. À mesure que les interfaces neuronales s'intègrent de plus en plus dans la reconnaissance humaine, la frontière entre réalité et simulation continuera de s'estomper. Le plus grand défi n'est peut-être pas de savoir si nous sommes capables de créer des réalités simulées, mais de savoir si nous pouvons un jour être certains que nous ne vivons pas déjà dans une réalité.

4.5 Matrix, Westworld et les reflets fictifs des simulations conscientes

Le concept de réalités simulées et de connaissance artificielle a longtemps été exploré dans la culture populaire, reflétant régulièrement de profondes questions philosophiques sur la nature de la réalité, de l'identité et de l'esprit. Parmi les exemples les plus marquants de telles explorations figurent les films Matrix et la série télévisée Westworld. Ces deux œuvres explorent les complexités des mondes simulés, se demandant si notre notion de réalité est authentique ou bien une illusion construite. Ces représentations fictives offrent des aperçus approfondis des défis et des implications des simulations conscientes, suscitant des discussions qui vont au-delà de la fiction technologique pour s'étendre aux domaines de la philosophie, des neurosciences et de l'intelligence artificielle.

Sorti en 1999, Matrix est devenu l'un des films de fiction technologique les plus influents à aborder le thème des réalités simulées. Le film présente un avenir dystopique dans lequel l'humanité est piégée sans le savoir dans une simulation générée par ordinateur tandis que son corps est utilisé comme source d'énergie par des machines intelligentes. Le protagoniste, Neo, découvre la vérité et est contraint de naviguer dans la nature complexe de ce monde simulé , cherchant finalement à se libérer de son emprise . Au cœur de Matrix se trouve la question : comment peut-on appréhender la véritable nature de la réalité alors que toutes les perceptions sont contrôlées ou fabriquées ? Le film suggère que notre connaissance de la scène qui nous entoure ne peut être fondée sur aucune réalité objective, mais plutôt façonnée par des forces extérieures, que ces forces soient organiques, informatiques ou autre chose. Matrix propose une idée à la fois effrayante et fascinante : la conscience humaine pourrait être entièrement simulée et ce que nous considérons comme la vérité pourrait n'être rien de plus qu'un fantasme, créé pour contrôler notre esprit.

Le film aborde directement des questions philosophiques telles que l'allégorie de la caverne de Platon, dans laquelle les prisonniers sont enchaînés dans une caverne et ne peuvent voir que des ombres sur le mur, croyant que ces ombres représentent la totalité de l'existence. De même, les habitants de la Matrice sont trompés en pensant que leurs expériences sensorielles sont réelles, incapables de reconnaître la nature simulée de leur vie. Dans Matrix, la frontière entre la connaissance simulée et la connaissance réelle devient floue, soulevant des questions sur ce qui constitue une expérience authentique et sur la question de savoir si la conscience, lorsqu'elle est soumise à une manipulation, peut jamais être considérée comme réellement « réelle ». Cette idée s'inscrit également dans le débat plus large autour de l'intelligence artificielle et de la question de savoir si l'IA peut être considérée comme consciente si elle produit des réponses indiscernables de celles d'un individu.

Westworld, une série télévisée diffusée pour la première fois en 2016, explore également le thème de la conscience artificielle, mais dans le contexte d'un parc à thème peuplé d'«

hôtes » robotiques. Ces hôtes, conçus pour interagir avec les visiteurs humains de manière réaliste, commencent tôt ou tard à faire preuve de conscience de soi, s'interrogeant sur leur propre existence et sur la moralité de leurs créateurs. Au fur et à mesure que la conscience des hôtes évolue, ils font face à leur réalité en tant que vie construite et programmée. Westworld puise dans de profondes inquiétudes morales concernant la création d'êtres sensibles à des fins de plaisir ou d'exploitation. L'émission pousse les spectateurs à se rappeler les implications morales de la création d'êtres capables d'éprouver de la douleur, de la joie et de se refléter dans leur image, qu'ils soient artificiels ou biologiques. Elle met le spectateur face à des questions qui lui demandent : si une conscience artificielle est capable de souffrir, doit-elle être traitée avec les mêmes préoccupations morales qu'un humain ?

De plus, Westworld propose une exploration fascinante de la mémoire et du développement de l'identification. Les hôtes sont programmés avec des récits distincts, chacun étant une histoire complexe conçue pour les amener à paraître plus humains. Cependant, ces souvenirs sont périodiquement effacés pour permettre aux hôtes de répéter leurs rôles dans le parc. La série a souligné la complexité de la formation de l'identité et le rôle que joue la mémoire dans la formation de la conscience. Elle suggère que la conscience elle-même pourrait être une forme de traitement de la mémoire, dans laquelle les rapports au-delà d'une entité – qu'ils soient réels ou simulés – façonnent sa conscience de soi actuelle. Tout comme les hôtes commencent à remettre en question leurs vies programmées, la série se demande si la reconnaissance humaine pourrait également être une forme de simulation de la mémoire. Sommes-nous simplement la somme de nos histoires, ou existe-t-il quelque chose de plus grand intrinsèque à notre conscience ?

Matrix et Westworld mettent tous deux en évidence la fragilité de notre croyance en la réalité. Ces mondes fictifs nous confrontent à l'idée que la concentration humaine est probablement manipulable, programmable ou peut-être complètement artificielle. Bien que les situations présentées dans ces œuvres soient intenses et ancrées dans la fiction spéculative, elles servent à refléter les débats réels et mondiaux sur la nature de la concentration. Sommes-nous vraiment les architectes de notre esprit, ou répondons-nous simplement à une programmation externe, qu'elle soit biologique ou artificielle ? Ces récits nous poussent à nous demander si nous avons le contrôle sur nos propres perceptions ou si notre conscience est un assemblage qui peut être remodelé ou contrôlé par des forces puissantes.

Ces œuvres de fiction projettent également l'idée de ce que signifie être « vivant » ou « conscient ». Dans Matrix comme dans Westworld, la frontière entre humain et gadget est de plus en plus difficile à définir. Les robots de Westworld commencent à manifester des émotions, des pensées et des mouvements qui ressemblent remarquablement à ceux des humains, forçant les personnages et le public cible à repenser ce qui constitue une véritable connaissance. De même, l'aventure de Neo dans Matrix implique de se demander quelle est sa véritable identité et de découvrir que son attention n'est pas ce qu'elle semble être. Dans les deux récits, le monde simulé devient si réel pour les personnes qui s'y trouvent que la question de savoir s'il est « réel » ou non devient secondaire par rapport aux expériences et aux choix de ceux qui y vivent.

L'image miroir de la simulation consciente dans ces œuvres de fiction n'est pas seulement un divertissement ; elle invite à une exploration philosophique plus profonde de la nature de la reconnaissance de soi et de la réalité. À mesure que l'intelligence artificielle continue de se développer et que les frontières entre le réel et le simulé s'estompent, les thèmes explorés dans Matrix et Westworld deviennent de plus en plus pertinents. Ces œuvres servent de mise en garde, nous poussant à garder à l'esprit les implications morales de l'attention artificielle, la capacité de l'IA à élargir la conscience et les façons dont notre propre conscience peut être plus fragile et manipulable que nous ne voulons le croire. En fin de compte, les mondes fictifs de Matrix et de Westworld nous obligent à affronter la possibilité inconfortable que la réalité, la conscience et l'identification soient probablement bien plus complexes et insaisissables que nous aurions pu l'imaginer.

CHAPITRE 5

Réalité mathématique : l'univers est-il un code ?

5.1 Les mathématiques sont-elles le langage universel ?

Les mathématiques ont toujours été à la fois un outil et un champ de découverte pour l'humanité. Elles nous aident à comprendre le fonctionnement de l'univers, en présentant un cadre pour exprimer le fonctionnement des phénomènes naturels. Les expressions et les systèmes mathématiques nous permettent de comprendre l'entreprise du cosmos. Cependant, la question de savoir si l'arithmétique reflète réellement la nature réelle de l'univers et si ce langage est réellement populaire reste un sujet de débat philosophique et clinique.

Les structures mathématiques jouent un rôle essentiel dans la définition du fonctionnement de l'univers. Les théories physiques en évolution reposent sur un ensemble d'équations mathématiques, et ces équations nous permettent d'appréhender diverses dimensions de la nature. Les lois physiques fondamentales, notamment les lois du mouvement de Newton, les équations de l'électromagnétisme de Maxwell ou le principe de relativité générale d'Einstein, peuvent toutes être exprimées mathématiquement. Ces lois fonctionnent en harmonie avec les observations et servent de pont entre le monde naturel et le cerveau humain. Les mathématiques sont le langage de ces lois et nous aident à comprendre comment tout fonctionne dans l'univers.

Cependant, les structures mathématiques ne fournissent pas seulement une explication des événements physiques ; elles peuvent être largement utilisées à des niveaux plus abstraits. La géométrie fractale, le principe du chaos et le bon sens mathématique, par exemple, fournissent des informations importantes sur le fonctionnement essentiel des systèmes complexes de la nature. À mesure que nous approfondissons la nature de l'univers, nous découvrons que son ordre sous-jacent est de plus en plus compréhensible à travers les nombres et les relations. Par exemple, le mouvement des galaxies, la structure des atomes et la propagation de la lumière peuvent tous être définis à l'aide de formulations mathématiques. C'est un argument de poids en faveur des mathématiques comme étant le « vrai » langage de l'univers.

La philosophie aborde la question de savoir si les mathématiques sont le langage habituel, à la fois comme un reflet de la capacité de l'esprit humain à appréhender la nature ou comme un atout inhérent à l'univers lui-même. La question de savoir si les mathématiques sont un langage courant reste profondément philosophique et clinique.

Les systèmes mathématiques ont été déterminés et débattus par les philosophes depuis les temps anciens. Platon, par exemple, soutenait que les réalités mathématiques existent indépendamment du monde physique. Selon Platon, les structures mathématiques ne sont pas des inventions de l'esprit humain mais des reflets de l'architecture fondamentale de l'univers. Cette vision montre que la vérité mathématique est déjà présente dans l'univers et que l'esprit humain sert d'outil pour découvrir ces systèmes.

En théorie, d'autres philosophes, comme Kant, pensaient que les mathématiques sont une manière dont l'esprit humain organise sa compréhension du monde, et non un reflet direct de la réalité. Pour Kant, les structures mathématiques ne sont pas inhérentes à la nature elle-même ; ce sont des outils développés par l'esprit humain pour donner un sens au monde. Ainsi, les mathématiques servent de langage à travers lequel nous pouvons comprendre l'univers, plutôt que de le considérer comme la nature véritable de l'univers.

L'émergence récente du principe de simulation complique la question de savoir si l'arithmétique est simplement le langage habituel. Selon la théorie de la simulation, l'univers pourrait en réalité être une simulation informatique. Si l'univers est géré à l'aide d'un certain type de logiciel , on peut affirmer que tout est régi par un « code ». De ce point de vue, on soutient que pour que l'univers soit une simulation, tout devrait être basé sur des concepts mathématiques. Cette vision considère les mathématiques non seulement comme un outil de description de la nature, mais comme le code essentiel de l'univers.

Le concept de simulation, en suggérant que l'univers est contrôlé par un « logiciel » mathématique, positionne les lois mathématiques comme les éléments constitutifs de l'univers lui-même. Ainsi, les mathématiques ne se réduisent plus à un simple langage pour décrire la vérité, mais aussi au code intrinsèque qui la gouverne. Ce concept considère désormais les mathématiques non seulement comme un outil conceptuel, mais comme la véritable structure de la réalité.

Les mathématiques jouent également un rôle essentiel dans les domaines de l'intelligence artificielle et de l'apprentissage automatique. Les systèmes d'IA utilisent des algorithmes et des modèles mathématiques pour collecter et traiter des données . Ces processus d'apprentissage sont guidés par des systèmes mathématiques. Bien que l'intelligence artificielle ne soit pas une simulation directe du cerveau humain, elle est néanmoins dirigée par des structures mathématiques. Les systèmes d'IA, en travaillant avec de grands ensembles de données, utilisent des modèles mathématiques pour anticiper les événements futurs ou optimiser les structures.

Cela prouve une fois de plus que l'arithmétique fonctionne comme un langage familier. Tout comme les humains utilisent des algorithmes mathématiques pour reconnaître et réagir au monde, les structures d'IA utilisent des cadres mathématiques similaires pour traiter et interpréter les données. Si l'arithmétique est un langage normal, alors la compréhension du secteur par l'IA et sa capacité à résoudre les problèmes sont également médiatisées par l'utilisation de ce langage.

Les mathématiques sont un outil essentiel pour comprendre le fonctionnement de l'univers. Les structures mathématiques décrivent l'ordre de la nature et nous aident à en comprendre les couches les plus profondes. Cependant, la question de savoir si l'arithmétique est vraiment le langage familier exige une exploration philosophique et médicale similaire. Les mathématiques peuvent être le langage qui explique les lois fondamentales de la nature, mais la question de savoir si elles sont la représentation directe de l'univers lui-même reste sujette à discussion. Les mathématiques servent d'outil pour nous aider à comprendre l'univers, mais la question de savoir si elles reflètent directement l'essence de la nature reste ouverte.

5.2 Lois physiques et théorie du traitement de l'information

Dans le domaine de la technologie actuelle, en particulier dans les domaines de la physique et de l' informatique , la relation entre les lois physiques et le traitement des données devient de plus en plus évidente. Cette relation suggère que l'univers, dans un certain sens, fonctionne en complément d'un système informatique, régi par des lois physiques qui peuvent être interprétées à travers le prisme de la théorie des données. L'idée que l'univers lui-même puisse également fonctionner comme un processeur de données considérable a de profondes implications pour notre connaissance de la réalité, nous amenant à explorer la relation complexe entre les lois fondamentales de la physique et la nature des données.

Les lois fondamentales de la physique, telles que les lois du mouvement de Newton, les lois de la thermodynamique et les théories de la relativité d'Einstein, régissent le comportement de la mémoire et de l'énergie dans l'univers. Ces lois décrivent la manière dont les débris s'engagent, dont l'électricité circule et dont l'espace et le temps sont étroitement liés. Pourtant, plus que de simples descriptions de phénomènes physiques, ces lois peuvent être considérées comme codant des données sur le royaume de l'univers.

L'information est décrite comme des données qui ont un sens ou une valeur. En physique, l'état d'un système à un moment donné peut être perçu comme une forme d'information, qu'il s'agisse de l'emplacement et de la vitesse d'une particule ou de l'énergie stockée dans un appareil. Dans cette expérience, les lois physiques agissent comme des algorithmes qui organisent et contrôlent ces informations, déterminant comment l'état de l'appareil change au fil du temps. De ce point de vue, l'univers entier peut être perçu comme un grand réseau informatique, les lois de la physique fournissent les règles de manipulation et de conversion des informations.

L'idée que l'univers correspond à une machine de calcul n'est pas nouvelle et constitue un concept essentiel dans le domaine émergent de la physique numérique. La physique numérique postule qu'au niveau le plus fondamental, l'univers fonctionne comme un ordinateur, traitant des données via des unités discrètes, de la même manière qu'un ordinateur numérique utilise un code binaire pour traiter des données. Selon ce point de vue, l'univers physique peut être défini en termes de traitement de données, l'espace, le temps et le nombre représentant différents types de données traitées conformément aux lois de la physique.

Cette approche est particulièrement évidente dans des théories telles que l'informatique quantique, qui explore comment la mécanique quantique pourrait vouloir permettre le traitement de l'information selon des méthodes fondamentalement différentes de l'informatique classique. L'informatique quantique exploite les propriétés particulières et contre-intuitives de la mécanique quantique, notamment la superposition et l'intrication, pour traiter les statistiques en parallèle, ce qui peut potentiellement fournir des augmentations considérables de la puissance de calcul. Dans cette optique, les lois de la physique elles-mêmes peuvent être perçues comme une forme d'informatique quantique, dans laquelle l'évolution de l'univers suit des algorithmes de type quantique qui gèrent les données dans l'espace-temps.

La relation entre les lois physiques et le traitement des données devient particulièrement claire dans le contexte de la thermodynamique, en particulier la deuxième loi de la thermodynamique. Cette loi, qui stipule que l'entropie globale (ou la maladie) d'un système isolé augmente constamment au fil des ans, peut être interprétée à travers le prisme de la théorie statistique. L'entropie, dans ce contexte, est souvent décrite comme une mesure des données. En thermodynamique, l'entropie d'une machine augmente lorsque les données disponibles sur son environnement deviennent plus imprévisibles ou désordonnées.

En théorie de l'information, l'entropie quantifie l'incertitude ou la quantité de données nécessaires pour expliquer l'état d'un système. La deuxième loi de la thermodynamique indique que lorsque les données sont perdues ou deviennent plus désordonnées, l'entropie globale du système augmente. Ce lien entre l'entropie et l'information fournit un cadre permettant de comprendre comment les processus physiques dans l'univers évoluent, non seulement en termes d'électricité et de mémoire, mais aussi en tant que flux d'informations.

L'une des intersections les plus frappantes entre les lois physiques et la notion de données se produit dans le domaine de la notion d'information quantique. La mécanique quantique, avec sa nature probabiliste et sa capacité à expliquer des phénomènes comme la superposition et l'intrication, a révolutionné notre compréhension des données au niveau quantique. En informatique quantique, les bits quantiques (qubits) peuvent exister dans plusieurs états simultanément, ce qui permet une forme sensiblement différente de traitement des données.

La théorie des faits quantiques cherche à comprendre comment les systèmes quantiques conservent, traitent et transmettent les données. L'une des principales découvertes de ce domaine est que les faits quantiques sont liés à des contraintes physiques, telles que le théorème de non-clonage, qui stipule que les données quantiques ne peuvent pas être copiées exactement. Ces contraintes sont directement liées aux lois de la mécanique quantique, illustrant comment les données et les lois physiques sont interdépendantes.

De plus, l'idée d'intrication quantique – un phénomène dans lequel l'état d'une particule est instantanément lié à l'état d'une autre, quel que soit l'espace qui les sépare – indique que les données ne sont pas localisées mais plutôt partagées par l'ensemble du système quantique. Cette interconnexion est un élément essentiel de la structure informationnelle de l'univers et peut avoir des implications pour la connaissance de la nature de l'espace, du temps et de la causalité.

Un développement particulièrement passionnant à l'intersection de la physique et de la théorie des données est le concept selon lequel l'espace-temps lui-même peut être un phénomène émergent surgissant de tactiques d'information sous-jacentes. Le principe holographique, proposé par des physiciens comme Leonard Susskind et Gerard 't Hooft, montre que l'univers tridimensionnel que nous étudions peut être codé sur une surface bidimensionnelle à l'horizon d'un trou noir. Dans cette perspective, les informations sur l'univers ne sont pas toujours stockées dans le sens traditionnel mais sont codées dans les fluctuations de l'espace-temps lui-même.

Ce concept est étroitement lié à l'idée de gravité quantique, qui cherche à réconcilier la relativité générale (la théorie de la gravité) avec la mécanique quantique. Dans le modèle holographique, l'espace-temps n'est pas fondamental, mais émerge plutôt des connaissances contenues sur une surface de dimension inférieure. Cela suggère que la structure fondamentale de l'univers peut être informationnelle à sa base, et les lois physiques que nous observons sont en réalité les règles qui régissent le flux et le traitement de ces données.

En plus d'expliquer le comportement des particules et des champs, le traitement des données peut également fournir des informations sur l' évolution des systèmes complexes. Les lois de la physique régissent non seulement le mouvement des débris élémentaires, mais aussi la formation de systèmes complexes, des galaxies aux organismes organiques. La montée en puissance de la complexité dans l'univers peut être comprise comme le résultat du traitement des données au fil du temps.

L'évolution des modes de vie en est un exemple, qui peut être perçu comme un processus de traitement des données dans un système biologique. Le code génétique, enregistré dans l'ADN, est une forme d'enregistrement qui code les commandes permettant de construire et de maintenir des organismes vivants. Les lois de l'évolution, telles que décrites par le principe darwinien, peuvent être comprises comme des algorithmes qui traitent les données en fonction des conditions environnementales et des variations génétiques, ce qui conduit à la variation des organismes en fonction de leur environnement.

De même, l'augmentation de l'intelligence et de la concentration peut être interprétée comme une forme plus avancée de traitement des données. L'esprit humain, avec son réseau de neurones et de synapses, traite de grandes quantités d'informations provenant de l'environnement, nous permettant de percevoir, de penser et d'agir en réponse au monde qui nous entoure. L'esprit, dans cette optique, est un processeur d'informations qui interagit avec le monde physique, influençant et étant guidé par les lois de la physique.

La relation entre les lois physiques et le traitement de l'information fait apparaître un lien plus profond et plus important entre le fonctionnement de l'univers et la nature des données. À mesure que nous découvrons l'univers à travers le prisme de la théorie des données, nous commençons à voir la possibilité que le cosmos lui-même soit un immense dispositif informatique, où les lois physiques sont les algorithmes qui régissent la dérive des données. Que nous lisions le comportement des particules, l'évolution de la vie ou la nature de l'espace-temps, nous découvrons que le traitement des données est au cœur de la forme et de l'évolution de l'univers. Les lois de la physique ne sont pas de simples descriptions de la sphère qui nous entoure : elles peuvent être les règles qui dictent la manière dont les données sont traitées, transformées et transmises à travers le cosmos. À mesure que notre connaissance de la physique et de la théorie des données s'approfondit, nous pouvons également en venir à considérer l'univers non seulement comme un lieu de nombre et d'énergie, mais comme un vaste système interconnecté de données en mouvement.

5.3 Structures fractales dans l'univers et réalité algorithmique

L'idée des fractales, qui décrivent des formes géométriquement complexes et auto-réplicatives déterminées dans la nature, a suscité des discussions passionnantes en mathématiques et en cosmologie. Ces structures complexes, présentes dans tout, des flocons de neige aux galaxies, font référence à un ordre caché qui sous-tend les structures apparemment chaotiques de notre univers. Les fractales, caractérisées par leur auto-similarité à toutes les échelles, offrent une perspective totalement unique à travers laquelle nous pouvons découvrir la structure de l'univers, révélant un lien profond entre la géométrie, les modèles naturels et les lois de la physique.

Les fractales sont généralement définies comme des formes ou des systèmes qui présentent une auto-similarité, ce qui signifie qu'ils répètent les mêmes motifs à des échelles particulières. Le mathématicien Benoît B. Mandelbrot a popularisé ce concept à la fin du XXe siècle, notamment avec l'ensemble de Mandelbrot, qui démontre visuellement la complexité illimitée des fractales. La caractéristique distinctive des fractales est que leur forme spécifique reste la même, quelle que soit leur ampleur. Par exemple, un littoral peut également sembler irrégulier de loin, mais en y regardant de plus près, il présente la même irrégularité à des échelles plus petites. Cette propriété d'auto-comparabilité est ce qui distingue les fractales des formes géométriques conventionnelles, qui sont souvent simples et prévisibles.

D'un point de vue mathématique, les fractales sont souvent définies à l'aide d'algorithmes récursifs, où une règle simple est exécutée de manière répétée pour générer un motif complexe. Ces modèles peuvent être définis à l'aide d'équations spécifiques qui donnent naissance à des systèmes d'une complexité illimitée, même s'ils sont générés à l'aide d'étapes itératives simples. Les fractales ne sont pas seulement un intérêt de la théorie mathématique : elles sont essentielles pour comprendre les phénomènes naturels, de la ramification des arbres à la formation des montagnes, des nuages ou même de la répartition des galaxies dans le cosmos.

Les systèmes fractals sont présents à différentes échelles dans l'univers. À l'échelle cosmique, nous observons la formation d'amas de galaxies qui présentent des motifs de type fractal. Les galaxies ne sont pas réparties à la légère dans l'univers ; au contraire, elles forment des systèmes filamentaires complexes qui ressemblent aux maisons auto-similaires des fractales. Ce réseau cosmique, également appelé « filaments cosmiques », suggère que la forme à grande échelle de l'univers pourrait être intrinsèquement fractale, avec des galaxies et des amas organisés selon un modèle hiérarchique répétitif.

La distribution de la matière dans l'univers suit un modèle de type fractal, avec des vides (des zones vides de taille considérable) entrecoupés d'énormes amas de galaxies, le tout formant une forme qui reflète la nature auto-similaire des fractales. Ces systèmes sont censés émerger des interactions complexes de la gravité, de la matière noire et des conditions initiales définies à un moment donné lors des premières étapes de la formation de l'univers. La manière dont ces modèles à grande échelle se répètent à des échelles plus petites, tout comme le font les fractales, indique qu'il existe un algorithme sous-jacent qui régit la structure de l'univers.

À un niveau plus granulaire, des motifs fractals apparaissent dans la formation des corps célestes, notamment des planètes, des étoiles ou même dans la forme complexe des nébuleuses. Les nuages de poussière à partir desquels les étoiles se forment présentent souvent des formes auto-similaires, de type fractales, tandis que les disques d'accrétion des trous noirs présentent également des caractéristiques similaires. Ces motifs ne sont pas simplement des curiosités esthétiques ; ils reflètent des processus physiques profonds et sous-jacents qui sont probablement régis par les lois juridiques de la physique elle-même.

Les systèmes fractals ne se limitent pas au cosmos. Dans la nature, les fractales peuvent être trouvées dans tout, des branches d'arbres aux systèmes vasculaires des animaux et à la ramification des rivières. Ces modèles sont sensiblement verts dans la nature, tenant compte de la meilleure répartition des ressources entre les différents systèmes. Par exemple, la ramification des arbres et des plantes est optimisée pour maximiser l'exposition au soleil tout en minimisant la force requise pour la croissance. De même, la forme du système circulatoire humain, avec ses veines et ses artères ramifiées, suit un modèle fractal qui optimise l'apport d'oxygène et de nutriments dans tout le corps.

La présence de fractales dans les systèmes biologiques a permis de mieux comprendre comment les systèmes complexes évoluent pour maximiser l'efficacité et réduire l'entropie. Les approches récursives visibles dans ces modèles témoignent de l'efficacité des algorithmes naturels, qui sont façonnés par les pressions évolutives. Ces algorithmes ne sont pas explicitement conçus, mais ils émergent naturellement comme le moyen le plus efficace de résoudre les problèmes liés à l'espace, aux ressources et à la distribution d'énergie.

Les modèles complexes observés dans les organismes vivants reproduisent une méthode d'optimisation qui découle des lois naturelles de la physique, de l'arithmétique et de la biologie. L'évolution a préféré ces algorithmes autoréplicatifs car ils conduisent à des organismes plus résilients, plus écologiques et plus adaptatifs. De cette manière, les fractales sont à la fois une curiosité mathématique et un outil puissant pour comprendre les tactiques profondes qui régissent la vie elle-même.

L'idée que l'univers pourrait fonctionner conformément aux règles algorithmiques est une idée profonde qui recoupe les concepts de la technologie informatique, de la théorie des données et de la mécanique quantique. Si nous considérons l'univers comme un vaste système informatique, les processus physiques fondamentaux peuvent être perçus comme des algorithmes qui codent l'évolution de l'univers. Tout comme les fractales émergent de règles récursives simples, la grande complexité de l'univers pourrait devoir émerger d'algorithmes essentiels qui gouvernent l'ensemble, des interactions entre particules aux formations cosmiques.

Cette croyance a été explorée de diverses manières, en particulier dans le domaine de la physique virtuelle, qui postule que l'univers est, dans un certain sens, une entité computationnelle. Selon cette vision, l'espace, le temps et le nombre ne sont pas ininterrompus mais plutôt discrets, constitués des plus petits éléments de données, tout comme les pixels sur un écran ou les bits dans un logiciel informatique . Les lois de la physique seraient alors considérées comme les règles informatiques qui régissent l'interaction et la transformation de ces éléments fondamentaux de données.

Dans ce contexte, les fractales sont le reflet de la nature algorithmique de l'univers. Les modèles auto-réplicatifs que nous étudions dans la nature et dans le cosmos peuvent être le résultat d'algorithmes sous-jacents en jeu à plusieurs échelles. Tout comme les algorithmes informatiques sont utilisés pour générer des modèles visuels complexes à partir de règles simples, les lois de la physique peuvent être comprises comme des algorithmes qui génèrent les structures complexes et nombreuses situées à l'intérieur de l'univers.

L'une des implications les plus intéressantes de la géométrie fractale en termes de forme de l'univers vient du principe holographique, qui suggère que l'univers pourrait être fondamentalement unidimensionnel, mais qu'il nous apparaît tridimensionnel. Selon ce principe, toutes les données contenues dans une étendue d'espace peuvent être codées sur sa frontière, à la manière d'un hologramme. Cette idée radicale remet en question notre connaissance de l'espace et du temps, suggérant que la réalité tridimensionnelle que nous expérimentons est probablement une propriété émergente de structures sous-jacentes plus profondes.

Dans le contexte des fractales, le principe holographique indique que la complexité apparemment infinie de l'univers sera codée dans un modèle sous-jacent moins complexe. Les propriétés auto-comparables des fractales s'alignent sur la vision holographique de l'univers, dans laquelle chaque partie de l'univers contient des statistiques sur l'ensemble. Cette idée devrait expliquer pourquoi des structures de type fractal apparaissent à la fois dans le réseau cosmique à grande échelle et dans les détails microscopiques de la mécanique quantique. L'univers peut, en réalité, être un fractal holographique, dans lequel chaque partie de l'univers reflète l'ensemble, tout comme

Fevzi H.

chaque génération d'un fractal reflète le modèle de la forme plus grande.

La mécanique quantique, avec ses normes particulières et contre-intuitives, donne également un aperçu de la relation entre les fractales et la structure de la réalité. Au niveau quantique, le comportement des débris semble être régi par des modèles probabilistes plutôt que par des lois déterministes. Ces distributions probabilistes présentent souvent des maisons de type fractal, dans lesquelles les résultats des événements quantiques ne sont pas entièrement prévisibles mais présentent des modèles qui se répètent à différentes échelles.

Le concept de fractales peut aider à expliquer des phénomènes tels que l'effet tunnel quantique, où les particules semblent franchir des barrières qu'elles ne devraient pas être capables de franchir. Ce phénomène, qui défie la physique classique, pourrait être compris comme une manifestation de la nature algorithmique et fractale de la mécanique quantique. Tout comme les fractales mettent en évidence la complexité qui émerge de règles récursives simples, les événements quantiques seront le résultat d'algorithmes probabilistes sous-jacents qui régissent la conduite des débris de manière non linéaire.

Les fractales offrent une fenêtre sur la nature complexe et profondément ordonnée de l'univers. Que nous examinions la formation des galaxies, la structure des organismes vivants ou la conduite des débris quantiques, les fractales apparaissent comme un thème commun. Cette nature auto-comparable et récursive indique une technique de calcul sous-jacente – un ensemble d'algorithmes qui façonnent l'évolution de l'univers à tous les niveaux. L'idée que l'univers puisse être une fractale, régie par des règles algorithmiques, est une idée profonde qui remet en question nos notions traditionnelles d'espace, de temps et de réalité elle-même. Alors que nous continuons à découvrir l'intersection de l'arithmétique, de la physique et de la théorie statistique, l'idée d'un univers fractal peut offrir des aperçus cruciaux sur les mystères privés de la vie.

5.4 Informations sur l'échelle de Planck : preuve de la nature numérique de l'Univers

L'échelle de Planck, qui désigne les plus petits éléments possibles de l'espace et du temps, est l'un des domaines les plus fascinants et les plus mystérieux de la physique théorique. À cette échelle, les effets de la gravité quantique deviennent énormes et le simple continuum de l'espace et du temps, tel que défini par la physique classique, se décompose en unités discrètes. C'est à cette échelle qu'apparaît la possibilité que l'univers puisse être fondamentalement numérique, constitué d'unités discrètes et quantifiées d'enregistrements au lieu d'un continuum espace-temps ininterrompu.

À l'échelle de Planck, la structure de l'espace-temps est censée être assez granulaire, composée des plus petits éléments possibles de durée et de temps. Ce concept remet en question notre compréhension classique de l'espace-temps en tant qu'entité continue. En physique classique, l'espace et le temps sont traités comme des environnements simples et continus dans lesquels des activités physiques se produisent. Cependant, en considérant les conditions extrêmes proches de l'échelle de Planck, la régularité de l'espace-temps peut également se dégrader, conduisant à une forme discrète régie par la gravité quantique.

Les modèles théoriques, notamment la gravitation quantique à boucles et la théorie des cordes, suggèrent que l'espace-temps n'est pas toujours continu aux plus petites échelles, mais plutôt composé d'unités discrètes, telles que les pixels sur un écran. Ces modèles suggèrent que la géométrie de l'espace-temps devient quantifiée à l'échelle de Planck, chaque unité représentant la plus petite « portion » viable de l'espace. Tout comme les instantanés numériques sont composés de pixels discrets qui forment ensemble une image continue, l'univers peut être constitué de morceaux discrets de données qui, bien que combinés, apparaissent sans interruption à grande échelle.

de données quantiques , qui traite et transmet des données quantiques, offre un cadre convaincant pour comprendre la nature virtuelle réalisable de l' univers. Les bits quantiques, ou qubits, sont les unités fondamentales de l'information quantique, analogues aux bits classiques de l'informatique conventionnelle. Cependant, contrairement aux bits classiques, qui sont soit 0 soit 1, les qubits peuvent exister en superposition, représentant plusieurs états simultanément. Cela permet aux ordinateurs quantiques d'effectuer des calculs complexes que les ordinateurs classiques ne peuvent pas réaliser dans un délai raisonnable.

Les principes de la théorie des données quantiques soutiennent que l'univers peut être fondamentalement composé d'informations en son centre. Dans cette perspective, l'univers n'est pas une entité continue mais plutôt un système informatique massif qui traite des statistiques au niveau quantique. Chaque royaume quantique peut être perçu comme un « morceau » d'informations, et l'évolution de l'univers peut être perçue comme le traitement de ces bits selon les règles de la mécanique quantique. Dans cette conception numérique de la réalité, l'espace-temps et le nombre de comptage ne sont pas des entités indépendantes mais plutôt des manifestations de l'information quantique sous-jacente.

Cette attitude a des implications profondes pour notre compréhension de l'univers. Si l'univers est fondamentalement virtuel, alors les lois de la physique elles-mêmes peuvent être le résultat d'algorithmes qui gèrent et systématisent les données . Tout comme une application informatique génère des comportements complexes à partir d'instructions simples,

Fevzi H.

l'univers peut être constitué d' un ensemble complexe de règles informatiques qui régissent les interactions des bits quantiques.

Le principe holographique est un concept théorique de la physique qui suggère que toutes les informations contenues dans un espace peuvent être codées à la frontière de cet espace. Ce concept radical, qui a émergé des considérations sur les trous noirs et la gravité quantique, implique que l'univers tridimensionnel que nous percevons pourrait être une propriété émergente de statistiques bidimensionnelles codées sur une frontière lointaine. Dans cette optique, l'espace-temps et les éléments qu'il contient ne sont pas essentiels mais sont plutôt le résultat de structures informationnelles plus profondes.

Le principe holographique a conduit certains physiciens à suggérer que l'univers lui-même pourrait être une sorte d'« hologramme » créé par le traitement de données quantiques. Cette idée s'aligne sur la croyance en un univers virtuel, où l'expérience continue de l'espace et du temps résulte de la manipulation d'informations discrètes. Si l'univers est effectivement holographique et que les données sont codées sur des frontières, cela suggère que la réalité elle-même est essentiellement virtuelle, l'expérience fluide et continue de l'univers provenant de dispositifs de données discrets et quantifiés.

Les trous noirs, qui sont des zones de l'espace dans lesquelles la gravité est si forte que même la lumière ne peut s'en échapper, offrent une autre voie intéressante pour explorer la nature virtuelle de l'univers. Le paradoxe des données associé aux trous noirs – la question de savoir ce qui arrive aux données qui tombent dans un trou noir – a conduit à d'énormes tendances dans la science du principe de l'information et de la mécanique quantique. Selon la physique classique, toute information qui entre dans un trou noir est perdue, ce qui conduit au soi-disant « paradoxe de la perte d'information ». Cependant, les derniers développements en matière de gravité quantique et de principe des cordes suggèrent que les données ne sont pas perdues mais sont plutôt codées à l'horizon de l'événement du trou noir, la frontière au-delà de laquelle rien ne peut s'échapper.

Ce concept est cohérent avec l'idée d'un univers numérique, où les données sont codées en bits discrets à l'horizon des événements. Certains chercheurs soutiennent que l'horizon des événements d'un trou noir peut également fonctionner comme une frontière « pixellisée », où les données contenues dans le trou noir sont codées sous forme de dispositifs discrets, à l'image de la façon dont les images numériques sont composées de pixels. Cela implique que la structure même de l'espace-temps, même dans des conditions extrêmes comme celles proches des trous noirs, peut être intrinsèquement virtuelle, avec le flux ininterrompu de données gouverné par des dispositifs discrets.

Les dispositifs de Planck, qui définissent les plus petites valeurs possibles pour l'espace, le temps et l'électricité, soutiennent également l'idée que l'univers est de nature numérique. Ces dispositifs fondamentaux de taille, au-delà desquels la physique classique s'effondre, sont cohérents avec l'idée d'un univers « numérique » dans lequel la réalité consiste en bits discrets de données . La quantification de l'énergie et de l'espace à l'échelle de Planck peut être considérée comme la preuve que l'univers est fondamentalement un système informatique fonctionnant à l'échelle quantique.

L'hypothèse selon laquelle l'univers est de nature virtuelle est également étayée par l'idée de simulations. Certains chercheurs ont suggéré que notre réalité est probablement une simulation exécutée par une civilisation complexe. Cette « hypothèse de simulation » indique que l'univers n'est pas une entité physique mais un programme informatique complexe exécuté sur un système de calcul avancé. Dans cette optique, les débris essentiels de la dépendance, les lois de la physique et même la matière de l'espace-temps lui-même seraient le résultat de méthodes informatiques.

L'idée que l'univers est une simulation est cohérente avec la nature numérique de la réalité, où l'espace-temps est constitué de bits discrets d'enregistrements. Si l'univers était effectivement une simulation, cela suggérerait que les informations codées dans la simulation suivent un ensemble de politiques informatiques qui régissent le comportement de l'ensemble dans l'environnement simulé. Ce point de vue s'aligne sur les preuves croissantes du concept d'enregistrement quantique et du principe holographique, qui tous deux soutiennent que l'information, plutôt que le nombre, est l'élément constitutif le plus essentiel de la réalité.

Les preuves qui pointent vers un univers numérique deviennent plus convaincantes lorsque nous nous souvenons des conditions extrêmes de l'échelle de Planck. À cette échelle, l'espace-temps semble être discret, régi par les lois du principe de données quantiques et de la gravité quantique. Que ce soit par la quantification de l'espace-temps, le principe holographique ou le comportement des trous noirs, l'idée que l'univers est fondamentalement numérique gagne en soutien. Alors que nous continuons à explorer la nature de la réalité via la mécanique quantique, la théorie des données et l'étude des trous noirs, il devient de plus en plus clair que l'univers pourrait ne pas être une entité analogique non-stop, mais une machine virtuelle massive et complexe, avec l'espace, le temps et la confiance qui émergent tous du traitement de bits d'information quantiques fondamentaux.

5.5 Ordinateurs quantiques et simulation de la réalité

Les ordinateurs quantiques représentent une avancée révolutionnaire dans le domaine de la puissance de calcul, exploitant les propriétés inhabituelles de la mécanique quantique pour effectuer des calculs bien au-delà des capacités des ordinateurs classiques. À mesure que la technologie de l'informatique quantique progresse, l'idée que ces machines puissent être utilisées pour simuler la réalité elle-même est devenue un sujet de grande actualité. Les ordinateurs quantiques ont désormais la capacité non seulement de révolutionner des domaines tels que la cryptographie, l'intelligence artificielle et la technologie matérielle, mais aussi de nous fournir des outils pour simuler des systèmes complexes, voire peut-être la structure de l'univers. L'intersection de l'informatique quantique et du concept de simulation de la réalité soulève de profondes questions sur la nature de la vie, des données et des limites de ce qui est possible dans le domaine numérique.

La mécanique quantique, la branche de la physique qui étudie le comportement des particules aux niveaux atomique et subatomique, introduit des concepts qui défient le bon sens classique. Parmi ceux-ci, la superposition, dans laquelle les particules peuvent exister dans plusieurs états simultanément, et l'intrication, dans laquelle les débris peuvent être immédiatement liés, quelle que soit la distance. Ces propriétés confèrent aux ordinateurs quantiques un avantage unique : alors que les bits classiques ne peuvent représenter qu'un seul des deux états (0 ou 1) à un instant donné, les bits quantiques (qubits) peuvent représenter à la fois zéro et 1, ce qui permet la superposition. Cette capacité permet aux ordinateurs quantiques d'effectuer de nombreux calculs simultanément, augmentant ainsi de manière exponentielle leur puissance de calcul.

Le potentiel de l'informatique quantique ne réside pas seulement dans la vitesse des calculs, mais aussi dans les types de problèmes qu'elle peut résoudre. Certains problèmes qui pourraient prendre des millénaires à résoudre sur les ordinateurs classiques seront résolus par un ordinateur quantique en un clin d'œil. Il s'agit notamment de tâches telles que la factorisation de grands nombres, l'optimisation de structures complexes et la simulation de structures physiques quantiques, qui sont toutes essentielles au concept de simulation de la réalité.

Au cœur de la simulation se trouve un modèle ou une représentation d'un dispositif du monde réel, et plus le dispositif est complexe, plus il devient difficile de le simuler correctement. Les ordinateurs classiques sont régulièrement confrontés à ce problème, notamment lorsqu'il s'agit de simuler le comportement de structures quantiques, car ils nécessitent des ressources informatiques considérables pour modéliser même des interactions quantiques simples. Les ordinateurs quantiques, cependant, sont intrinsèquement adaptés à cette tâche. Puisqu'ils fonctionnent à l'aide de concepts quantiques eux-mêmes, ils peuvent simuler des structures quantiques avec beaucoup plus de performances que les ordinateurs classiques.

L'une des possibilités les plus passionnantes de l'informatique quantique est la simulation de phénomènes physiques à des échelles et à des résolutions jusqu'alors inimaginables. Cela comprend la simulation des interactions moléculaires, du comportement des matériaux dans des conditions extrêmes et même des propriétés des débris fondamentaux dans des environnements à haute résistance. En simulant correctement ces processus, les ordinateurs quantiques devraient conduire à des percées dans un large éventail de domaines, notamment le développement de médicaments, la technologie des tissus et la production d'électricité. De plus, la capacité de simuler de telles structures sur un ordinateur quantique pourrait également contribuer à la création d'univers virtuels complets – des simulations de réalité régies par les mêmes lois physiques que celles que nous étudions.

Le concept de simulation de la réalité – dans lequel un ordinateur, en particulier un ordinateur quantique , crée un monde virtuel indiscernable du monde physique – est un défi célèbre de la théorie philosophique et de la recherche scientifique. L'idée suggère que la réalité elle-même peut être le résultat d'un vaste système de calcul, l'univers fonctionnant comme une sorte de simulation exécutée par une entité ou une machine complexe. Ce concept, souvent appelé « hypothèse de simulation », a gagné en popularité ces dernières années, en particulier avec les progrès de la puissance de calcul et de notre compréhension de la mécanique quantique.

Les ordinateurs quantiques devraient permettre de simuler la réalité à un niveau de détail inédit. Contrairement aux simulations classiques, qui sont contraintes par la nécessité d'approximer des variables continues, les simulations quantiques devraient modéliser la nature continue de l'espace-temps et des processus quantiques avec précision, sans perte de fidélité. Si les ordinateurs quantiques sont capables de simuler l'univers avec ce degré de précision, cela soulève la possibilité intéressante que la réalité elle-même soit une simulation – peut-être même une simulation conçue et maintenue délibérément par une civilisation avancée ou une autre force extérieure.

Pour simuler la réalité sur un ordinateur quantique, il faudrait modéliser non seulement les structures quantiques individuelles, mais la structure complète de l'univers, y compris l'espace-temps, la gravité et les lois fondamentales de la physique. C'est un projet énorme, mais les ordinateurs quantiques ont la capacité d'effectuer ce type de simulation car ils fonctionnent selon les mêmes principes qui régissent le comportement de l'univers. En codant les lois de la physique dans le calcul lui-même, un ordinateur quantique devrait simuler tout, des interactions des particules subatomiques à la dynamique des galaxies, reproduisant potentiellement l'univers observable dans son intégralité au niveau quantique.

L'un des principaux avantages de la simulation de la réalité sur un ordinateur quantique est la nécessité de modéliser l'intrication quantique et l'interconnexion de tous les débris. Dans une simulation quantique de la réalité, chaque particule pourrait être intriquée avec d'autres, et l'état de l'ensemble de la machine devrait être mis à jour simultanément à toutes les échelles de la vie. Cela dépasse de loin les capacités de l'informatique classique, mais les ordinateurs quantiques sont conçus pour gérer de tels systèmes interconnectés en raison de leur capacité inhérente à représenter plusieurs états simultanément et à systématiser les informations en parallèle.

Si le potentiel des systèmes informatiques quantiques pour simuler la réalité est passionnant, de nombreux défis et limites doivent être relevés. L'un des principaux obstacles est le problème de l'évolutivité. Les systèmes informatiques quantiques, tels qu'ils existent aujourd'hui, en sont encore à leurs balbutiements. Les processeurs quantiques actuels sont relativement petits, avec seulement quelques dizaines de qubits, ce qui limite leur capacité à effectuer des simulations à grande échelle. Pour simuler ne serait-ce qu'une petite partie de l'univers, les ordinateurs quantiques pourraient devoir évoluer jusqu'à des milliers, voire des milliers et des milliers de qubits, ce qui nécessiterait des progrès en matière de correction des erreurs quantiques, de stabilité matérielle et de cohérence des qubits.

De plus, il existe des questions fondamentales sur la nature de la vérité elle-même qui devraient être traitées avant que nous ne la simulions complètement. Par exemple, la mécanique quantique suggère que l'acte même d'énoncer un énoncé affecte la machine observée, un phénomène appelé l'effet de l'observateur. Cela pose la tâche de simuler un fait qui est objectif et indépendant de l'observateur. Si l'univers lui-même est une simulation, comment concilierions-nous l'effet de l'observateur avec l'idée d'un « fait » extérieur ?

De plus, simuler l'univers entier à l'échelle quantique peut s'avérer impossible en raison des ressources informatiques colossales requises. Alors que les ordinateurs quantiques peuvent simuler des structures quantiques uniques avec des performances de haute qualité, la modélisation d'un univers entier – avec toutes ses interactions et complexités – pourrait nécessiter une quantité astronomique d'énergie de traitement. En conséquence, même les ordinateurs quantiques peuvent être confrontés à des obstacles dans leur capacité à simuler la réalité avec une précision totale.

L'idée que les ordinateurs quantiques devraient simuler des réalités entières soulève de profondes questions éthiques et philosophiques. S'il était possible de simuler une réplique vraiment parfaite de l'univers, ou même un être conscient à l'intérieur d'une simulation, quelles implications cela pourrait-il avoir sur notre connaissance de la vie ? Vivrions-nous aujourd'hui dans une telle simulation ? Si nous devions créer des mondes simulés avec des entités conscientes, ces entités auraient-elles des droits, et comment pourrions-nous les traiter ?

En outre, la capacité de simuler la réalité pourrait avoir des conséquences à long terme dans les domaines de l'intelligence artificielle, de la réalité virtuelle et de la concentration humaine. Si nous sommes capables de simuler les lois de la physique et de recréer la complexité de l'univers, devrions-nous également simuler la concentration humaine ? Serait-il possible d'intégrer un esprit humain dans une simulation quantique, créant ainsi une immortalité virtuelle ? Ces questions repoussent les limites de ce que signifie être humain et mettent à l'épreuve notre connaissance de la vie, de l'identité et de la réalité elle-même.

Les ordinateurs quantiques ont la capacité de révolutionner notre capacité à simuler des structures complexes, ainsi que la nature même de la réalité. Bien que nous en soyons encore aux premiers stades de la génération croissante de l'informatique quantique, les possibilités d'applications futures – principalement dans le domaine de la simulation de la réalité – sont énormes. À mesure que les ordinateurs quantiques évoluent, ils nous fourniront les outils nécessaires non seulement pour comprendre l'univers à un niveau plus profond, mais aussi pour le recréer sous forme virtuelle. Cependant, alors que nous nous avançons vers cette nouvelle frontière, il est important de garder à l'esprit les implications morales et philosophiques d'une telle technologie, car elle remet en question les fondements mêmes de ce que nous percevons comme la réalité. L'avenir de la simulation quantique, bien qu'encore incertain, promet de remodeler notre connaissance de l'existence, de l'univers et de notre place en son sein.

CHAPITRE 6

Simulations physiques et réalités virtuelles

6.1 Simulation de l'univers avec des ordinateurs modernes

Les progrès technologiques et la puissance croissante des ordinateurs ont rendu le concept de création d'une simulation de l'univers physique plus judicieux. Aujourd'hui, la technologie informatique et la physique, en particulier dans le cadre de la simulation de structures complexes, ont connu des développements considérables.

Une simulation est un système utilisé pour créer une version de l' univers réel . En règle générale, ce processus est contrôlé au moyen de modélisation mathématique, de logiciels informatiques et de matériel. Les simulations visent à imiter les événements et les comportements physiques du monde réel. Aujourd'hui, il est possible de simuler l'univers physique aux niveaux micro et macro. Ces simulations peuvent être réalisées à différentes échelles, des débris au niveau atomique aux mouvements des galaxies.

Les simulations de l'univers physique jouent un rôle important dans des domaines comme la cosmologie, l'astrophysique et la physique des particules. Elles permettent aux chercheurs de comprendre comment toutes les interactions dans l'univers sont conformes aux lois physiques. Par exemple, les astrophysiciens utilisent des algorithmes complexes pour simuler la formation des galaxies, tandis que les physiciens des particules utilisent une technique similaire pour modéliser les interactions au niveau subatomique.

Ces simulations nous aident à comprendre les fonctions les plus fondamentales de l'univers. Par exemple, la modélisation de phénomènes liés aux trous noirs et au nombre d'obscurités, qui sont trop éloignés ou mystérieux pour être déterminés immédiatement, permet une meilleure expérience. Les scientifiques peuvent observer le fonctionnement des lois physiques grâce à des simulations, ce qui conduit au développement de théories sur le fonctionnement de l'univers.

La simulation de l'univers nécessite une puissance de calcul de grande envergure. Aujourd'hui, les systèmes informatiques sont capables de traiter des centaines de milliers, voire des milliards, de facteurs statistiques simultanément. Cette capacité permet de simuler différentes étapes de l' univers physique . Les supercalculateurs à haute décision fournissent l'énergie de calcul nécessaire à la simulation d'événements physiques.

Par exemple, la simulation à l'échelle de Planck implique des interactions qui sont sensiblement complexes et que les ordinateurs traditionnels ne peuvent pas reproduire. Cependant, les progrès des ordinateurs quantiques et des réseaux de traitement parallèles rendent ces types de simulations possibles. Ces ordinateurs peuvent traiter des ensembles de données volumineux beaucoup plus rapidement et plus efficacement, ce qui permet de modéliser correctement de nombreuses interactions dans le monde physique.

Ces systèmes informatiques peuvent également réaliser des simulations entièrement basées sur des données obtenues à partir d'accélérateurs de particules. Dans ces expériences, les simulations reproduisent des événements physiques de niveau subatomique, qu'il est impossible d'observer directement. Cela permet aux physiciens de modéliser les interactions à l'échelle microscopique, ce qui conduit à des connaissances plus approfondies en physique fondamentale.

Les simulations sont utiles non seulement à l'échelle microscopique, mais aussi à l'échelle macroscopique. Les simulations cosmologiques sont l'un des outils les plus importants pour comprendre la nature de l'univers. De nombreux astrophysiciens utilisent des superordinateurs pour simuler la formation des galaxies, des étoiles et même de l'univers tout entier. Ces simulations nous permettent de modéliser les processus et l'évolution de l'univers depuis ses débuts.

Par exemple, les projets de simulation du modèle du « Big Bang » ont permis de réaliser des progrès considérables dans l'étude des conditions qui existaient au début de l'univers. Ces simulations montrent comment se sont formés des systèmes à grande échelle tels que des amas de galaxies, des étoiles et des trous noirs. Elles aident également les chercheurs à comprendre le comportement du nombre et de l'énergie sombres, des éléments de l'univers qui ne peuvent pas être détectés directement mais qui constituent une grande partie de sa masse.

Des simulations comme celles-ci modélisent la manière dont se produisent la fusion et la collision des galaxies, ou la manière dont de nouveaux systèmes se forment lorsque les galaxies interagissent. Elles simulent également le comportement du gaz autour des trous noirs et la manière dont les galaxies évoluent. Ces informations aident à dresser un tableau plus clair des processus dynamiques de l'univers.

L'avenir des simulations est étroitement lié à des technologies comme l'intelligence artificielle (IA) et l'acquisition de connaissances approfondies. Ces technologies devraient permettre des simulations de l'univers encore plus spécifiques et précises. L'IA peut automatiser la modélisation de processus physiques complexes, augmentant ainsi les performances des simulations. Les algorithmes d'acquisition de connaissances approfondies pourraient accélérer les simulations et permettre le traitement de grands ensembles de données .

De plus, l'IA et les techniques d'apprentissage profond peuvent améliorer l'analyse des données obtenues à partir de simulations. Cela jouera un rôle important dans le développement de nouveaux modèles cosmologiques et de nouvelles théories physiques. L'acquisition de connaissances approfondies peut étudier les résultats des simulations et prévoir les activités physiques futures avec une plus grande précision.

A l'avenir, les simulations ne modéliseront pas seulement les activités physiques mais offriront également de nouvelles perspectives sur les aspects inconnus de l'univers. Ces technologies permettront une connaissance plus approfondie du monde physique à des niveaux beaucoup plus fins.

La simulation de l'univers à l'aide d'ordinateurs de pointe joue un rôle important pour nous aider à appréhender la structure de l'univers, mais elle soulève également des questions profondes sur la nature de la réalité elle-même. Si nous pouvons modéliser correctement l'univers par simulation, cela montre que tout ce que nous percevons comme étant la réalité est potentiellement ouvert à la réflexion. Voir comment fonctionnent les lois physiques et les formules mathématiques grâce à une simulation offre une occasion unique de comprendre le fonctionnement essentiel de l'univers.

Le développement des simulations est important non seulement pour la recherche scientifique, mais aussi pour ceux qui cherchent des solutions aux questions philosophiques. La nature de la vérité peut être mieux comprise grâce aux simulations, au-delà de nos perceptions et de nos hypothèses sur la vie. Ces progrès redéfinissent les limites entre la technologie, la philosophie et la technologie, et approfondissent notre compréhension du fonctionnement de l'univers.

6.2 Réalités virtuelles alimentées par l'intelligence artificielle

Le développement de l'intelligence artificielle (IA) est devenu un élément essentiel dans la création d'un nombre croissant de réalités virtuelles sophistiquées. Les réalités virtuelles, autrefois limitées au monde du divertissement et des jeux, ont évolué vers des environnements complexes et interactifs alimentés par l'IA. Ces mondes virtuels pilotés par l'IA sont désormais utilisés dans des domaines allant de l'éducation et de l'enseignement à la simulation, aux loisirs ou même à l'interaction sociale.

Au cœur de la réalité virtuelle, l'IA est un environnement simulé dans lequel la dynamique et les interactions du monde sont pilotées et influencées par l'IA. Contrairement aux jeux vidéo classiques ou aux environnements générés par ordinateur qui respectent des scripts et des actions prédéfinis, les réalités virtuelles renforcées par l'IA sont conçues pour évoluer et évoluer en fonction du comportement et des choix des utilisateurs qui s'y trouvent. Cela permet une expérience plus dynamique, plus réactive et plus personnalisée.

Ces environnements virtuels se composent généralement de mondes immersifs en trois dimensions dans lesquels les clients peuvent interagir avec différents utilisateurs, des personnages numériques et l'environnement lui-même. L'intelligence intégrée dans ces mondes rend l'expérience d'interaction plus naturelle, plus réaliste et plus engageante, brouillant régulièrement la frontière entre le monde réel et le monde virtuel.

L'IA joue un rôle essentiel dans la construction de réalités numériques qui ne sont pas statiques, mais plutôt interactives et réactives. Traditionnellement, les mondes virtuels se limitaient à des mouvements préprogrammés, avec des interactions et des activités se déroulant selon des styles définis. Cependant, l'intégration de l'IA a contribué à un changement radical dans la façon dont les environnements virtuels répondent aux utilisateurs.

Les algorithmes d'IA, notamment la maîtrise des appareils et le traitement du langage naturel, permettent aux personnages virtuels ou aux vendeurs de répondre de manière dynamique aux saisies des utilisateurs. Ces vendeurs peuvent reconnaître le contexte, apprendre des interactions des utilisateurs et s'adapter au fil du temps. Par exemple, un individu piloté par l'IA dans un monde numérique peut reconnaître les modèles de comportement, le ton émotionnel ou les préférences spécifiques d'une personne et modifier ses réponses en conséquence. Cela permet des interactions personnalisées qui évoluent à mesure que l'utilisateur s'engage davantage dans l'environnement.

Dans des scénarios plus avancés, les systèmes d'IA au sein de ces mondes virtuels peuvent anticiper les mouvements des utilisateurs et créer des environnements qui s'adaptent en temps réel. Par exemple, si un utilisateur exprime son intérêt pour l'exploration de certains types de paysages ou de sports, le monde numérique doit ajuster dynamiquement ses fonctions pour fournir un nouveau contenu qui correspond à ces caractéristiques.

L'une des avancées majeures dans les réalités virtuelles alimentées par l'IA est l'évolution des personnages non-joueurs (PNJ). Ces personnages, qui étaient autrefois limités à des rôles simples, présentent désormais des comportements et des interactions plus complexes, grâce à l'IA. Les PNJ, traditionnellement contrôlés par le bon sens du jeu, peuvent désormais interagir dans des conversations pratiques, aller au-delà des interactions et répondre à l'utilisateur de manière nuancée et pratique.

Grâce à l'IA, les PNJ ne sont plus limités à l'utilisation de dialogues scénarisés ou de modèles de comportement fixes. Au lieu de cela, ils peuvent utiliser le traitement du langage naturel (NLP) pour comprendre et répondre au discours des utilisateurs, créant ainsi une interaction plus fluide et naturelle. Ces PNJ peuvent même simuler des émotions, exprimer leurs pensées et former des relations dynamiques avec les utilisateurs, ajoutant de la profondeur aux mondes virtuels.

Par exemple, dans les simulations d'éducation numérique, les PNJ pilotés par l'IA peuvent agir comme des instructeurs numériques, éduquer les utilisateurs par le biais de scénarios, présenter des remarques et adapter le niveau du problème en fonction des performances globales du consommateur. Dans le domaine du divertissement, les PNJ peuvent améliorer le scénario en réagissant aux choix d'un participant, ce qui donne à chaque expérience un aspect précis et imprévisible.

L'IA ne se contente pas d'améliorer les personnages au sein des environnements numériques ; elle façonne également les environnements eux-mêmes. Les systèmes basés sur l'IA peuvent créer des mondes générés de manière procédurale, conçus et modifiés de manière dynamique en fonction des actions et des comportements de l'utilisateur. Ces environnements ne sont pas statiques, mais s'adaptent plutôt en temps réel, offrant une expérience véritablement immersive.

Par exemple, l'IA peut générer des paysages qui évoluent au fil des années en fonction des interactions des consommateurs, ou simuler des écosystèmes dans lesquels les fleurs, les animaux et les conditions météorologiques changent en réponse à des facteurs extérieurs. Ce degré de complexité donne aux mondes virtuels un aspect vivant et réactif aux mouvements du consommateur, ce qui renforce la sensation d'immersion.

De plus, l'IA peut également être utilisée pour créer des systèmes intelligents qui contrôlent le monde virtuel, en veillant à ce que le bon sens interne du monde reste cohérent. Qu'il s'agisse de simuler la physique d'un environnement numérique, de gérer des systèmes sociaux complexes ou de maintenir le réalisme des interactions entre entités virtuelles, l'IA est l'épine dorsale qui garantit le bon fonctionnement de ces environnements numériques.

Si les réalités virtuelles alimentées par l'IA offrent d'énormes possibilités, elles soulèvent également des questions morales essentielles. L'une des plus grandes inquiétudes concerne l'effacement de la frontière entre réalité et simulation. À mesure que ces environnements virtuels deviennent plus complexes et indiscernables de la vie réelle, les utilisateurs peuvent également ressentir un attachement croissant à ces mondes simulés. Cela peut avoir de profondes conséquences psychologiques, en particulier si les utilisateurs commencent à préférer le monde numérique au monde réel.

En outre, le développement rapide de l'IA dans les réalités numériques pourrait accroître les préoccupations en matière de confidentialité, de protection des données et de contrôle. Étant donné que les systèmes d'IA dans ces mondes virtuels sont capables de collecter d'énormes quantités d'informations sur les comportements, les choix et les interactions des clients, il existe des risques liés à l'utilisation abusive ou à l'exploitation de ces informations.

En outre, il existe un problème d'addiction aux mondes virtuels. Les environnements basés sur l'IA devenant de plus en plus fascinants, les utilisateurs peuvent également se retrouver à passer de plus en plus de temps dans ces simulations. Cela peut conduire à un détachement de la réalité, car les individus perdent tout intérêt pour les informations réelles et mondiales au profit d'informations numériques plus idéalisées ou contrôlées.

Une autre préoccupation majeure est la possibilité pour les structures d'IA de s'étendre au-delà du contrôle humain. À mesure que l'IA devient plus avancée, il est possible qu'elle puisse commencer à agir de manières qui n'étaient pas initialement prévues par ses créateurs. Dans les mondes virtuels, cela peut signifier l'émergence de comportements inattendus, où les entités d'IA ne respectent plus des rôles préprogrammés et commencent à faire preuve de méthodes de prise de décision indépendantes.

À l'avenir, la place de l'IA dans les réalités virtuelles continuera probablement à s'accroître. Nous pouvons anticiper le développement de simulations de pointe encore plus poussées qui exploitent des stratégies d'IA avancées ainsi que l'apprentissage profond, l'apprentissage par renforcement et l'apprentissage non supervisé. Ces améliorations permettront de créer des mondes virtuels encore plus réalistes et interactifs, dans lesquels l'IA pourra gérer des systèmes sociaux complexes, simuler le comportement humain de manière plus convaincante et créer des styles de divertissement et d'interaction entièrement nouveaux.

Les mondes virtuels basés sur l'IA peuvent également avoir des applications de grande envergure dans des domaines tels que la santé, l'éducation et l'intégration sociale. Les réalités virtuelles peuvent être utilisées pour former des médecins, prodiguer des soins ou offrir des espaces numériques dans lesquels les êtres humains peuvent s'engager dans des activités sociales au-delà des frontières physiques. Ces opportunités ouvrent la porte à un avenir où les environnements numériques basés sur l'IA constituent un élément essentiel de la vie quotidienne.

De plus, à mesure que les technologies d'IA continuent de progresser, l'avènement de réalités numériques totalement immersives et indiscernables pourrait également devenir une réalité. Grâce aux progrès des interfaces neuronales et des interactions cerveau-ordinateur, les utilisateurs pourraient vouloir interagir avec ces mondes virtuels selon des méthodes qui étaient auparavant considérées comme impossibles, créant ainsi une nouvelle ère d'interaction homme-machine.

Fevzi H.

Les réalités virtuelles alimentées par l'IA repoussent les limites de ce que nous considérons comme faisable dans le domaine de la simulation virtuelle. Elles remodèlent la façon dont nous interagissons avec les mondes numériques, offrant de nouvelles possibilités de divertissement, de socialisation, d'éducation et même de développement personnel. Cependant, elles soulèvent également des questions morales et psychologiques vitales qui doivent être prises en compte à mesure que ces technologies continuent d'évoluer. Alors que l'IA continue de façonner le développement des environnements numériques, elle va certainement redéfinir la nature de la réalité elle-même, à travers nos perceptions de ce qui est réel et de ce qui est virtuel.

6.3 Le transfert numérique du cerveau et du système nerveux

L'idée de transférer le cerveau et le système nerveux directement dans un environnement virtuel représente l'un des domaines les plus profonds et les plus spéculatifs de la recherche médicale. Ce concept, souvent appelé « téléchargement de l'esprit » ou « interface cerveau- ordinateur », consiste à créer une réplique numérique du cerveau humain et de ses fonctions, en déplaçant efficacement la concentration, les souvenirs, les pensées et les sensations dans un domaine virtuel ou numérique. Bien que ce concept puisse également ressembler à de la science-fiction, les progrès considérables en neurosciences, en intelligence artificielle et en modélisation informatique amènent progressivement cette idée vers la réalité.

Avant d'explorer comment le cerveau et le système nerveux peuvent être numérisés, il est essentiel de comprendre la complexité du cerveau humain lui-même. Le cerveau est composé d'environ 86 milliards de neurones, chacun interconnecté par des milliards de synapses. Ces neurones communiquent par des impulsions électriques et des signaux biochimiques, formant un réseau responsable de toutes les capacités cognitives, notamment la perception, la perception, la mémoire et l'émotion. La structure et l'attention du cerveau sont particulièrement complexes, et la cartographie de ce réseau important est une tâche énorme.

La première étape pour déplacer le cerveau vers un environnement virtuel consiste à cartographier les détails complexes du réseau neuronal. Ce processus, souvent appelé connectomique, vise à créer une carte complète des connexions entre les neurones, ainsi que des types de leur activité électrique. Des techniques telles que l'imagerie par résonance magnétique fonctionnelle (IRMf), l'électroencéphalographie (EEG) et des techniques avancées de neuroimagerie sont utilisées pour mieux reconnaître l'activité cérébrale et la connectivité. Cependant, ces technologies en sont encore aux premiers stades de la transmission du niveau de détail nécessaire pour refléter pleinement les capacités du cerveau dans un support numérique.

L'une des principales technologies permettant le transfert virtuel de l'activité cérébrale est l'interface cerveau-ordinateur (BCI). Les BCI permettent une communication directe entre le cerveau et les appareils externes, en contournant les méthodes de saisie traditionnelles comme les claviers ou la parole. Ces interfaces sont généralement réalisées par le placement d'électrodes sur le cuir chevelu ou par des implants neuronaux invasifs. Les BCI sont déjà utilisées dans des programmes tels que le contrôle prothétique, la communication pour les personnes paralysées ou même l'interaction avec les jeux vidéo.

Cependant, pour transférer l'ensemble de l'activité cérébrale sous une forme virtuelle, des BCI beaucoup plus sophistiquées et efficaces sont nécessaires. Ces interfaces doivent être capables non seulement d'étudier les signaux cérébraux, mais aussi d'écrire des enregistrements dans le cerveau. Cela pose de nombreux défis, tant d'un point de vue technique qu'éthique. Tout d'abord, la résolution actuelle des méthodes non invasives de surveillance de l'activité cérébrale est insuffisante pour capturer le niveau élevé de détails requis pour une copie virtuelle. Les techniques invasives, qui consistent à implanter des électrodes directement dans le cerveau, présentent des risques tels que des lésions tissulaires, une contamination et la nécessité d'une rénovation à long terme.

De plus, la complexité des processus mentaux signifie que surveiller honnêtement l'activité neuronale n'est pas toujours suffisant. L'appareil numérique doit également simuler les signaux biochimiques et électriques complexes qui apparaissent dans le cerveau et les reproduire d'une manière qui préserve l'intégrité de la connaissance, de la mémoire et de l'identification. Atteindre ce niveau de précision et de constance est une tâche difficile, qui peut nécessiter des avancées à la fois en neurosciences et en technologie.

Une fois que nous serons capables de cartographier le cerveau et d'interagir avec ses stratégies neuronales, l'étape suivante consistera à développer une version ou une simulation des capacités de l'esprit. L'objectif est de développer un dispositif artificiel qui pourrait refléter la forme et le comportement de l'esprit, non seulement dans une expérience mécanique, mais de manière consciente et sensible.

Les superordinateurs, l'intelligence artificielle et les algorithmes d'apprentissage sur gadgets joueront un rôle clé dans la simulation de l'activité cérébrale. Les modèles les plus avancés du cerveau utiliseront probablement des réseaux neuronaux, une forme d'IA conçue pour imiter la structure et le fonctionnement des réseaux neuronaux biologiques. Ces réseaux seront capables de traiter des données de manière similaire à celle du cerveau, probablement en tenant compte de l' introduction d'esprits virtuels qui présentent des développements similaires à ceux de la conscience humaine.

Cependant, simuler un cerveau humain est une méthode très gourmande en ressources. Le cerveau humain génère une quantité énorme de données, et reproduire sa complexité sur une plateforme numérique nécessite une puissance de calcul et une mémoire considérables. Jusqu'à présent, les efforts visant à simuler des cerveaux entiers se sont limités à des organismes moins complexes, notamment le nématode C. Elegans, qui ne contient que 302 neurones. Le cerveau humain, avec ses milliards de neurones et ses milliards de connexions synaptiques, offre une échelle de complexité tout à fait extraordinaire.

À mesure que la puissance de calcul progresse, nous pourrions également assister à des tentatives plus ambitieuses de simulation de la cognition au niveau humain. Des projets tels que le Human Brain Project en Europe et la Brain Initiative aux États-Unis visent à créer des modèles cérébraux complets, même si ces initiatives en sont encore à leurs balbutiements par rapport à la taille requise pour un transfert cérébral complet.

L'idée de numériser le cerveau et d'importer l'attention directement dans une machine soulève de profondes questions éthiques et philosophiques. Au cœur de cette problématique se trouve la nature de l'attention et de l'identification. Si l'esprit est reproduit efficacement dans un environnement virtuel, la connaissance qui en résulte est-elle vraiment la même que l'original ? Ou le modèle virtuel devient-il une entité distincte, bien qu'il possède les mêmes souvenirs, pensées et comportements ?

L'une des préoccupations les plus urgentes est la continuité de la connaissance. Si l'esprit d'une personne est téléchargé sur un ordinateur, conservera-t-il la même perception de soi ou émergera-t-il en réalité comme un double de la personne d'origine ? Cela touche à des débats philosophiques plus profonds sur la nature de l'âme, l'identification privée et la différence entre existence physique et virtuelle.

Il y a aussi des questions sur les conséquences potentielles de l'importation des esprits dans les espaces virtuels. Si les consciences numériques s'avèrent une réalité, elles pourraient donner naissance à une nouvelle élégance d'êtres vivant dans un monde purement virtuel . Ces êtres pourraient vivre une forme de vie extraordinaire, détachée du monde physique. Un tel changement pourrait modifier la nature même de l'existence humaine et soulever des questions sur les droits et les libertés des êtres virtuels.

De plus, l'importation de connaissances pourrait créer des déséquilibres énergétiques, dans lesquels les personnes riches ou puissantes qui peuvent se permettre d'importer des connaissances pourraient pratiquement obtenir l'immortalité, tandis que d'autres seraient laissées à l'écart du monde physique . Cela pourrait exacerber les inégalités sociales existantes et créer une nouvelle forme d'élitisme numérique.

Même si le changement virtuel du cerveau peut sembler être une opportunité lointaine, ses implications se font déjà sentir dans des domaines positifs de la société. Des technologies comme les BCI sont déjà utilisées pour réparer des fonctions perdues chez des personnes souffrant de problèmes neurologiques ou de lésions de la moelle épinière. Ces avancées ont le potentiel d'améliorer considérablement la qualité de vie des personnes handicapées.

La capacité de télécharger le cerveau dans un format numérique pourrait également révolutionner les soins de santé en permettant le maintien des fonctions cognitives chez les personnes souffrant de maladies neurologiques terminales, notamment de la maladie d'Alzheimer. À l'avenir, une personne atteinte d'une maladie cérébrale dégénérative pourrait souhaiter « télécharger » sa conscience avant que son cerveau physique ne se détériore, ce qui lui permettrait de continuer à vivre dans un espace numérique.

Au niveau sociétal, l'importation de l'esprit pourrait vouloir redéfinir les normes de vie et de mort, l'individualité et le rôle du corps humain. Elle pourrait ouvrir de nouvelles possibilités d'interaction humaine, ainsi que des mondes virtuels totalement immersifs dans lesquels la conscience peut errer librement, déconnectée des barrières physiques du corps. Cependant, cela peut également provoquer une fragmentation sociétale, car les humains pourraient choisir d'abandonner leur corps physique en faveur de la vie numérique, ce qui entraînerait une fracture entre ceux qui choisissent de « télécharger » et ceux qui restent dans le monde physique.

Le passage au numérique du cerveau et de la machine mentale représente l'un des rêves les plus ambitieux des neurosciences et de la technologie. Bien que nous soyons encore loin d'atteindre le téléchargement complet du cerveau, les progrès des interfaces cerveau-ordinateur, de l'IA et de la simulation cérébrale font progressivement de ce concept une opportunité plus réaliste. Alors que nous avançons vers cette étape, il est important de faire face aux défis éthiques, philosophiques et sociétaux qui l'accompagnent. La possibilité de numériser l'attention humaine pourrait devoir redéfinir la nature même de la vie, en changeant notre façon de vivre, notre identité et ce que signifie être humain.

6.4 Le métavers, les univers holographiques et l'évolution de la perception de la réalité

L'idée d'un métavers – un univers virtuel interconnecté dans lequel les utilisateurs interagissent entre eux et avec l'environnement via des avatars virtuels – est rapidement passée du statut de fiction technologique à celui de point focal du développement technologique et de la recherche philosophique. Associée à la croyance en des univers holographiques, cette idée apporte une contribution profonde à notre compréhension traditionnelle de la réalité. Que se passe-t-il lorsque notre notion de réalité est entièrement façonnée par des espaces virtuels, et comment cela déplace-t-il les frontières entre les mondes physique et virtuel ?

Le métavers est envisagé comme un environnement virtuel 3D entièrement immersif, souvent défini comme la prochaine itération d'Internet. Contrairement à l'Internet actuel, qui est principalement une plate-forme de statistiques et de communication, le métavers est conçu pour être un espace où les humains peuvent vivre, travailler, socialiser et jouer en temps réel, en utilisant des avatars virtuels pour se représenter. Il s'agit d'un environnement dans lequel les réalités physiques et numériques sont étroitement liées, les utilisateurs ressentant une sensation de présence, d'interaction et d'entreprise comme s'ils se trouvaient dans un monde physique , même s'ils interagissent via la technologie.

Le métavers est rendu possible grâce aux améliorations apportées à la réalité virtuelle (VR), à la réalité augmentée (AR) et à la réalité mixte (MR), qui permettent aux utilisateurs de découvrir des environnements virtuels avec un niveau d'immersion élevé. En portant des casques ou en utilisant des appareils spécialisés, les utilisateurs peuvent interagir avec des projections holographiques, des appareils virtuels et d'autres acteurs de manière à imiter l'expérience sensorielle du monde réel . Des plateformes comme Horizon Worlds de Facebook, Decentraland et Unreal Engine d'Epic Games construisent ces espaces numériques, chacun avec sa propre conception, son propre objectif et son propre réseau. Les utilisateurs peuvent explorer ces mondes, assister à des événements, créer des biens virtuels et socialiser, brouillant ainsi les frontières entre les domaines physique et virtuel.

Cette évolution vers les espaces virtuels soulève des questions clés sur la nature des modes de vie et de l'identité. Alors que de plus en plus de personnes passent du temps dans ces environnements numériques, leur sens de soi deviendra-t-il de plus en plus lié à leur personnalité virtuelle ? Le métavers pourrait-il offrir un moyen de transcender les frontières physiques du corps, en permettant des interactions sociales plus désirables, une expression créative ou même l'immortalité grâce à la résistance des avatars virtuels ?

Le concept d'un univers holographique, suggérant que l'univers lui-même est une projection de données encodées sur un plan dimensionnel, est devenu une idée influente dans la physique de pointe. Selon le principe holographique, l'univers tridimensionnel que nous expérimentons est une forme d'«

illusion » générée à l'aide des interactions de particules fondamentales encodées sur un plan dimensionnel inférieur. Cette idée, qui trouve son origine dans la thermodynamique des vides noirs et la théorie des cordes, propose que toute l'information à l'intérieur de l'univers soit contenue à l'intérieur de ses limites, comme un hologramme.

Ce concept a de profondes implications pour notre connaissance de la vérité. Si l'univers est bien un hologramme, alors notre perception de l'espace, du temps et de la terre peut être une projection de faits stockés sur une frontière lointaine. Cela soulève des questions sur la nature du monde physique et les limites de la perception humaine. Se pourrait-il que tout ce que nous percevons comme « réel » ne soit qu'une projection – une sorte de simulation – générée par des données essentielles à un stade de vérité bien au-delà de notre compréhension directe ?

Bien que le principe holographique reste une construction théorique, il a gagné du terrain dans le domaine de la physique théorique en tant qu'explication potentielle des paradoxes de la mécanique quantique et de la relativité bien connue. L'idée que l'univers entier pourrait être une projection a conduit certains à s'intéresser à la nature des réalités virtuelles et à la possibilité de créer des univers simulés avec des résidences similaires. Si le monde physique est une projection holographique, alors développer une version artificielle et virtuelle de ce type de réalité – comme le métavers – deviendra une idée plus viable, en gardant à l'esprit un univers contrôlé et programmé qui reflète le nôtre.

L'émergence du métavers, ainsi que des théories comme l'univers holographique, indiquent que notre perception de la vérité devient de plus en plus malléable. À l'ère du virtuel, les frontières entre le réel et le numérique s'estompent et de nouvelles formes de notions apparaissent. À mesure que nous nous impliquons davantage dans les environnements numériques, nous redéfinissons ce qui constitue une expérience « réelle ».

Par le passé, les faits étaient considérés comme synonymes de ce qui est corporel , de ce que nous devrions toucher, voir et avec quoi nous devrions interagir. Mais à mesure que nous vivons dans un monde où les expériences virtuelles sont tout aussi significatives que les expériences physiques, cette définition évolue. Le métavers, en particulier, remet en question la vision conventionnelle des faits en offrant un environnement qui semble « réel » en termes d'engagement émotionnel et cognitif, bien qu'il soit totalement synthétique. Tout comme dans les objectifs ou les hallucinations, le cerveau peut se délecter d'une expérience d'immersion dans des environnements dépourvus de base physique.

Alors que les êtres humains passent de plus en plus de temps à interagir avec des avatars numériques et des projections holographiques, nous pourrions également observer un changement dans la façon dont les gens se rapportent à leur corps physique. L'idée de « dualisme virtuel » indique que les individus peuvent également commencer à considérer leur moi numérique comme des entités distinctes, ce qui conduit à une séparation psychologique entre le corps physique et la personnalité numérique. Cela peut affecter l'auto-identification, les relations et les structures sociales, car les gens commencent à naviguer dans plusieurs réalités simultanément.

L'un des résultats les plus significatifs de ce changement est la capacité à réévaluer les limites entre le monde numérique et le monde physique. Par exemple, à mesure que le métavers gagne en sophistication, les gens peuvent vouloir ressentir un sentiment de propriété et de contrôle sur leurs environnements virtuels. La question se pose alors : si nous sommes capables de créer et de manipuler des mondes numériques complets, où s'arrête la distinction entre le réel et l'artificiel ?

L'ère holographique, qui permet d'intégrer des images tridimensionnelles dans l'espace physique sans avoir besoin de lunettes ou d'autres appareils, pourrait également brouiller les frontières entre le numérique et le réel. Les hologrammes sont déjà utilisés dans le divertissement, le marketing et la médecine, mais leur potentiel s'étend bien au-delà de ces secteurs. À mesure que les écrans holographiques se développent, ils nous permettront d'interagir avec des objets et des environnements virtuels de manière de plus en plus tangible et pratique.

À l'avenir, la génération holographique pourrait permettre l'avènement de tout nouveaux types d'interactions sociales, de formation et de divertissement, dans lesquels les êtres humains pourront interagir avec des représentations numériques d'objets, de lieux et même d'autres personnes en temps réel. Cela a la capacité de redéfinir la façon dont nous communiquons et jouons dans l'espace, en créant un environnement dans lequel les réalités numériques et physiques coexistent de manière ininterrompue et dynamique.

Le mélange de l'holographie, de la réalité virtuelle et du métavers conduira vraisemblablement à un nombre croissant de simulations sophistiquées du monde physique , où les distinctions entre les deux régions géographiques seront de plus en plus difficiles à déterminer. De tels environnements devraient favoriser un nouveau type de « réalité partagée », où de multiples utilisateurs participent à une expérience numérique collective, interagissant les uns avec les autres et avec l'environnement de manière à refléter le monde physique.

L'essor des environnements virtuels comme le métavers et l'opportunité des univers holographiques soulèvent de profondes questions philosophiques et morales. Que signifie vivre dans un monde virtuel ? Si nous pouvons créer une réalité numérique qui semble aussi réelle que la réalité physique, quel sera le coût de l'existence physique ? Les humains commenceront -ils à donner la priorité aux réalités numériques par rapport aux réalités physiques, développant ainsi une nouvelle forme d'évasion ou peut-être une forme d'immortalité dans les mondes virtuels ?

De plus, si l'univers lui-même est de nature holographique, alors l'idée de vérité pourrait également émerger comme un nombre croissant de résumés. Que se passe-t-il lorsque nous reconnaissons que le monde qui nous entoure est une illusion, une projection d'informations codées sur une frontière ? Cela rend-il le monde physique moins « réel », ou redéfinit-il sans aucun doute notre connaissance de ce qu'est la réalité ?

Alors que les réalités virtuelles et physiques continuent de converger, nous devons faire face aux conséquences de cette convergence sur la conscience humaine, les interactions sociales et la nature même des modes de vie. L'avenir de la notion de réalité évolue rapidement, et les technologies qui façonnent cette évolution réguleront fondamentalement la façon dont nous comprenons et vivons l'espace qui nous entoure.

6.5 Le cerveau, les neurosciences et les limites de la perception par simulation

À mesure que la technologie avance et que la frontière entre le monde réel et le monde virtuel devient de plus en plus difficile à distinguer, le rôle du cerveau et des neurosciences dans la définition de notre notion de simulations fait l'objet d'un examen approfondi. La façon dont le cerveau traite les données de son environnement, construit une expérience cohérente de soi et répond aux stimuli sensoriels constitue la base de notre interaction avec les mondes physique et virtuel. Comprendre les limites de la perception de la simulation à travers le prisme des neurosciences peut fournir des informations approfondies sur le potentiel – et les barrières – des réalités virtuelles, y compris des simulations numériques telles que le métavers et les univers holographiques.

À la base, la perception est une technique par laquelle le cerveau interprète les entrées sensorielles – qu'elles soient visuelles, auditives, tactiles ou autres – et construit une perception du monde extérieur . Cette méthode est loin d'être passive : le cerveau fait constamment des prédictions et comble des lacunes, utilisant souvent des technologies antérieures pour interpréter des informations incomplètes ou ambiguës. Cela est essentiel à la survie, car cela permet aux organismes de prendre des décisions rapides basées sur des informations sensorielles limitées ou imparfaites.

Lors de simulations, associées à des environnements virtuels, le cerveau traite les stimuli numériques de la même manière qu'il traiterait les stimuli physiques, en utilisant les mêmes voies sensorielles. Cependant, cette technique n'est pas toujours sans faille et le cerveau peut être amené à percevoir les environnements numériques comme réels, en particulier lorsque ces environnements sont conçus pour imiter les entrées sensorielles du monde physique. Ce phénomène a été au cœur du développement de la réalité virtuelle (RV), dans laquelle les utilisateurs bénéficient d'une sensation accrue d'immersion et de présence dans des environnements simulés.

Si la génération de réalité virtuelle peut simuler efficacement des expériences sensorielles telles que la vue et l'ouïe, elle ne parvient toujours pas à reproduire d'autres modalités sensorielles comme le contact, la saveur et l'odorat, qui restent difficiles à simuler de manière convaincante. Malgré cela, le cerveau est remarquablement doué pour « combler les vides » et peut régulièrement se persuader qu'une simulation est réelle. Cela met en évidence la puissance des mécanismes d'interprétation du cerveau, mais aussi les obstacles inhérents au développement de réalités virtuelles multisensorielles totalement immersives.

D'un point de vue neuroscientifique, les environnements virtuels et simulés ne sont pas fondamentalement différents du monde physique en ce qui concerne la façon dont le cerveau gère les interactions sensorielles. Cependant, il existe des différences fondamentales dans la façon dont le cerveau gère les interactions au sein de ces espaces. Les neuroscientifiques ont montré qu'après avoir été attiré par des mondes virtuels, le cerveau peut ressentir une surcharge sensorielle ou une dissonance, dans laquelle ce que nous voyons ne correspond pas à d'autres statistiques sensorielles, telles que les sensations physiques. Cette inadéquation, souvent appelée conflit sensoriel, peut provoquer un phénomène appelé « mal des transports » ou « cybermalaise » dans les environnements numériques, en particulier lorsqu'il existe une déconnexion entre le mouvement dans une simulation et l'absence de mouvement physique correspondant.

En outre, la tendance de l'esprit à anticiper que les environnements virtuels sont réels peut avoir des effets psychologiques et physiologiques considérables. Dans les situations où les gens sont profondément immergés dans des mondes numériques – y compris dans le métavers ou via des jeux de réalité virtuelle – les utilisateurs peuvent également apprécier les changements de leurs états émotionnels et cognitifs, traitant régulièrement les expériences numériques comme si elles étaient réelles. Cela soulève des questions sur l'ampleur de l'impact des environnements simulés sur le comportement, les sentiments ou même l'identité du monde réel.

La capacité du cerveau à évoluer et à « faire confiance » à des environnements simulés est également limitée par son besoin de retour d'information du corps. Par exemple, lors de l'interaction avec des objets virtuels ou d'autres avatars en réalité virtuelle, le manque de commentaires tactiles (la sensation de contact ou de résistance) perturbe souvent le sens de la présence. Le cerveau s'attend à des commentaires physiques sous forme de proprioception (notre sens du fonctionnement du corps) et de réponses haptiques (sensations tactiles), et bien que ceux-ci ne soient pas présents ou soient imparfaitement simulés, cela peut amener le cerveau à perdre confiance dans le réalisme de l'expérience.

Les simulations devenant de plus en plus sophistiquées, elles peuvent repousser les limites de ce que le cerveau peut comprendre comme étant réel. Cependant, cette technique a ses limites inhérentes, déterminées à la fois par les capacités de la technologie et par la nature même de la perception humaine.

L'une des limites fondamentales est la dépendance de l'esprit à l'expérience incarnée. Le corps est au cœur de la façon dont nous interagissons avec le monde, et nos organes sensoriels sont profondément intégrés aux voies neuronales qui ont évolué pour façonner le monde physique. Quelle que soit la crédibilité d'une simulation, la perception de la réalité par le cerveau est profondément liée aux sensations physiques, en particulier à la proprioception et aux réactions kinesthésiques. C'est pourquoi, par exemple, les environnements de réalité virtuelle peuvent sembler « décalés » lorsque la personne se déplace, mais ne ressentiront pas les réactions correspondantes du mouvement du corps. Bien que des progrès dans la génération de réactions haptiques tentent de résoudre ce problème, il reste encore à recréer la gamme globale des réactions sensorielles.

De plus, il existe des techniques cognitives de niveau supérieur, qui incluent les émotions, l'interaction sociale et la connaissance elle-même, qui peuvent également résister à une réplication complète dans une simulation. Si les mondes numériques peuvent imiter les conditions sociales, ils ne peuvent pas reproduire complètement la nuance des émotions humaines, de la présence physique et des liens sociaux qui sont si essentiels à notre expérience du monde physique . Par exemple, aussi intelligent qu'un avatar simulé puisse paraître, il ne pourra jamais capturer complètement le poids émotionnel et la subtilité de l'interaction humaine en face à face. Dans ce sens, la « réalité » d'une expérience numérique est toujours limitée par la profondeur et la richesse des signaux sensoriels et émotionnels qui sont absents dans le monde numérique .

Un autre problème majeur dans la croyance en la simulation est l'incapacité à reproduire la complexité du monde physique dans tous ses sens. Alors que nous nous efforçons de créer des simulations plus immersives, nous sommes obligés de réduire la complexité de la réalité physique en modèles calculables. Qu'il s'agisse de simuler un environnement, un corps humain ou l'univers lui-même, la quantité de données et de variables qui doivent être codées dans une simulation est énorme. La simulation de la reconnaissance – si elle est même viable – nécessite une intensité de connaissances que nous n'avons pas encore pleinement exploitée. Ce qui fait de nous des humains – l'essence même de la reconnaissance de soi et de l'attention – ne peut pas être entièrement réduit à du code binaire ou à des algorithmes, quelle que soit la sophistication des outils de calcul.

À mesure que la technologie progresse, l'une des méthodes permettant d'atténuer ces limites est l'utilisation d'interfaces neuronales, notamment les interfaces esprit-ordinateur (BCI). Ces technologies cherchent à combler le fossé entre le cerveau et les environnements virtuels, en permettant potentiellement une communication directe entre le cerveau et les simulations. Les BCI se sont déjà révélées prometteuses dans les domaines scientifiques, en particulier pour les personnes paralysées, leur permettant de manipuler des membres prothétiques et des curseurs d'ordinateur à l'aide de leur cerveau.

Dans le contexte des réalités et des simulations numériques, les BCI devraient permettre une meilleure intégration transparente entre le cerveau et les mondes numériques. En stimulant simultanément les régions sensorielles du cerveau, les BCI pourraient simuler une plus grande variété d'entrées sensorielles, notamment le toucher, la saveur et même les sentiments, créant ainsi une expérience plus immersive. Cependant, la mesure dans laquelle les BCI peuvent améliorer ou même refléter pleinement l'expérience sensorielle du monde réel reste du domaine de la recherche. Bien que ces technologies soient capables de repousser les limites de ce que nous considérons comme réel, il reste encore des défis considérables à relever pour reproduire la complexité de l'expérience humaine.

De plus, les IBC peuvent également permettre la simulation d'états cognitifs, notamment de mémoire ou de processus décisionnels, ce qui pourrait brouiller la frontière entre l'attention et l'intelligence artificielle. Cependant, des préoccupations morales se posent, notamment en ce qui concerne la manipulation de la mémoire, de l'identité et la capacité de modifier les perceptions de la réalité des individus selon des approches qui pourraient avoir des résultats inattendus.

À mesure que les simulations deviennent de plus en plus avancées et que l'esprit s'adapte à de nouvelles réalités virtuelles, la frontière entre le virtuel et le réel continuera de s'estomper. Cependant, les limites de la perception humaine et celles des neurosciences continueront de poser des limites à ce qui peut être simulé et à la manière dont ces simulations sont perçues. Le système complexe et développé du cerveau pour interagir avec le monde physique crée un fossé inhérent entre les sensations et les expériences que nous pouvons simuler numériquement et la richesse du monde réel .

À mesure que nous progressons dans le développement de simulations immersives, le défi consiste à comprendre ces limites et à travailler dans leur cadre, en veillant à ce que les réalités virtuelles embellissent nos vies sans éroder notre sens de ce qui est vraiment réel. La relation entre le cerveau, les neurosciences et la notion de simulation continuera de s'adapter, car le monde numérique deviendra une partie de plus en plus importante de nos modes de vie.

CHAPITRE 7

Si nous sommes dans une simulation, l'évasion est-elle possible ?

7.1 Échapper à la simulation : pouvons-nous décoder notre propre code ?

L'idée que nous pourrions vivre dans une simulation fait depuis longtemps l'objet d'hypothèses philosophiques et cliniques. Elle remet en question les fondements mêmes de notre compréhension de la réalité, suggérant que le monde dans lequel nous vivons pourrait ne pas être le « vrai » monde , mais un ensemble numérique assez sophistiqué. L'une des questions les plus passionnantes qui surgissent de cette opportunité est de savoir si nous, les habitants de cette simulation, pourrions un jour y échapper – si nous voudrions d'une manière ou d'une autre nous libérer des contraintes qui nous sont imposées par le code qui sous-tend cette réalité artificielle.

La théorie de la simulation, formulée de manière plus significative par le logicien Nick Bostrom, postule que les civilisations avancées pourraient créer des simulations d'êtres conscients, indiscernables de la réalité, à des fins d'études, de loisirs ou autres. Ces simulations pourraient être exécutées sur des structures informatiques puissantes, potentiellement avec des quantités importantes de données représentant des mondes et des sociétés entiers. Si nous vivons effectivement dans une telle simulation, notre réalité, les lois physiques que nous comprenons et même notre esprit lui-même pourraient être fabriqués à partir d'un code distinctement complexe et spécial.

Dans ce contexte, « échapper à la simulation » signifierait découvrir la structure sous-jacente de ce code et trouver un moyen de sortir de la simulation ou de l'ajuster de l'intérieur. Si le monde dans lequel nous vivons est pratiquement un logiciel , alors théoriquement, il devrait être possible de comprendre les politiques et les limites qui le régissent, et peut-être même de s'en libérer. Cependant, cela conduit à la question fondamentale : est-il possible d'accéder au code source de la simulation ou de le « décoder », ou sommes-nous condamnés à rester piégés dans celui-ci, ignorant complètement son existence ?

Avant de discuter de la façon dont nous pourrions nous en sortir, il est important de ne pas oublier si nous sommes ou non capables de comprendre le code qui documente notre simulation. Le cerveau humain a évolué pour comprendre le monde grâce à des sens qui ont été affinés pour la survie, et non pour déchiffrer des structures informatiques complexes. Notre perception de la réalité est limitée par nos capacités sensorielles, nos structures cognitives et la manière dont nous interprétons les faits dans les limites de notre évolution organique.

Si nous vivons dans une simulation, il est évident que le code qui se trouve à l'arrière de notre monde pourrait être bien plus complexe que ce que nous devrions comprendre ou reconnaître de toute évidence. Notre cerveau pourrait ne pas avoir la capacité d'accéder aux informations brutes de la simulation, sans parler d'en saisir la forme. Les limites fondamentales de l'attention humaine, les contraintes de nos sens et nos biais cognitifs pourraient nous empêcher de voir la réalité sous-jacente de notre existence.

De plus, si les créateurs de la simulation sont plus avancés que nous, ils peuvent avoir délibérément conçu la simulation pour nous empêcher de découvrir sa véritable nature. Cela devrait prendre la forme de « pare-feu » intégrés à l'appareil – des limitations qui nous empêchent d'accéder au code ou de le comprendre de manière significative. Ces pare-feu peuvent être cachés à la vue de tous, intégrés dans le tissu même des lois de la simulation, y compris les constantes de la physique ou les règles qui régissent notre perception cognitive.

Si nous voulons nous débarrasser de la simulation, nous devons d'abord trouver un moyen de découvrir le code source et d'appréhender sa structure. La technologie peut également jouer un rôle clé dans la découverte de ces vérités cachées. Ces dernières années, de plus en plus de spéculations ont été émises sur le rôle de l'informatique quantique et de l'intelligence artificielle (IA) avancée dans la découverte de la nature de la réalité. Les ordinateurs quantiques, en particulier, pourraient fournir la puissance de traitement nécessaire pour étudier la simulation à un niveau atomique ou subatomique, révélant probablement des modèles cachés qui sont invisibles aux structures informatiques classiques.

La mécanique quantique elle-même, avec ses domaines inhabituels tels que la superposition, l'intrication et la non-localité, a été suggérée comme une indication possible que notre réalité est de nature computationnelle. Si les phénomènes quantiques peuvent être exploités pour sonder les couches les plus profondes de la simulation, il est probablement possible de « pirater » le système et d'obtenir des informations sur sa forme sous-jacente. Cela pourrait être comparable à la recherche du code source d'un programme fonctionnant sur un ordinateur quantique, nous permettant de reconnaître et de manipuler la simulation elle-même.

De même, les améliorations apportées à l'IA pourraient aider à détecter des irrégularités ou des incohérences dans la simulation qui pourraient servir d'indices sur sa véritable nature. Les structures d'IA, en particulier celles dotées de capacités d'apprentissage automatique, peuvent être entraînées à reconnaître des modèles ou des anomalies qui pourraient être invisibles pour l'esprit humain. Ces « détectives » de l'IA doivent passer au peigne fin d'énormes quantités de données , à la recherche d'incohérences ou de défauts du système dans la simulation qui pourraient indiquer son code sous-jacent.

Cependant, malgré ces outils technologiques, rien ne garantit que nous serons en mesure de décoder la simulation. Le code source, s'il existe, peut être caché de telle manière qu'il soit totalement invulnérable aux interventions technologiques les plus sophistiquées. Nous avons probablement affaire à une machine si complexe qu'aucune puissance de calcul, aussi sophistiquée soit-elle, ne devrait percer ses couches.

L'un des éléments les plus fascinants de la théorie de la simulation est le rôle de la conscience elle-même dans l'accès à la simulation ou dans sa modification. La conscience, avec son expérience subjective de la réalité, a longtemps été un mystère en neurosciences et en philosophie. Si notre esprit fait partie d'une simulation, est-il possible que notre attention soit la clé de la connaissance ou de la destruction de l'appareil ?

Certains théoriciens suggèrent que la concentration pourrait servir de pont entre le monde simulé et le monde réel , offrant un moyen de transcender les limites de la simulation. Si nous parvenons à trouver ce qui peut exploiter les couches les plus profondes de la concentration, nous serons probablement capables de « détruire le quatrième mur » de la simulation et d'accéder à son code sous-jacent. Cela pourrait nécessiter des techniques intellectuelles avancées, telles que la méditation, le rêve lucide ou peut-être l'utilisation de psychédéliques, dont il a été prouvé qu'elles modifient la conscience et la perception de la réalité.

D'autres ont avancé que notre conscience collective – si nous parvenons à synchroniser nos connaissances – devrait nous conduire à un bond en avant dans la connaissance de la simulation. Ce concept s'appuie sur le concept d'un « esprit mondial » ou d'intelligence collective, où le savoir-faire et l'expérience combinés de nombreux individus devraient nous aider à découvrir la vérité sur notre réalité simulée. Si suffisamment d'humains finissent par avoir accès à la simulation et concentrent collectivement leur raison sur son « déchiffrement », le système pourrait peut-être s'auto-surveiller.

Si échapper à la simulation est possible, cela soulève de profondes questions morales. Devons-nous même tenter de nous échapper ? Que se passerait-il si nous parvenions à nous libérer du monde simulé ? Pourrions-nous exister en dehors de celui-ci, ou pourrions-nous cesser d'exister complètement ? Et si nous devions nous échapper, pourrions-nous être complètement libérés, ou pourrions-nous entrer dans toute autre forme de vie que nous ne sommes pas encore capables de comprendre ?

En outre, il faut se demander s'il est moralement correct de chercher à sortir de la simulation. Si la simulation est créée par une civilisation avancée pour une raison précise – que ce soit pour la recherche scientifique, le divertissement ou tout autre objectif – sommes-nous en droit d'essayer de « briser les lois » et de nous enfuir ? Nos actions pourraient-elles perturber la stabilité du système, ce qui pourrait causer du tort à nous-mêmes ou à autrui ?

Ces questions morales remettent en cause nos hypothèses sur la liberté, la vérité et la nature des modes de vie.

Le concept même d'échapper à une simulation nous oblige à reconsidérer ce que signifie être réellement libre et ce que signifie vivre une vie « réelle ».

La possibilité d'échapper à une simulation reste un concept fascinant mais difficile à cerner. Si la technologie, l'informatique quantique et l'intelligence artificielle peuvent nous fournir les outils nécessaires pour nous aider à décoder la simulation, les limites fondamentales de notre attention et les limitations de capacité intégrées au système peuvent nous empêcher de nous en libérer définitivement. En fin de compte, la question de savoir si nous parviendrons à sortir de la simulation peut également dépendre non seulement de nos progrès technologiques, mais aussi de notre capacité à reconnaître et à transcender la nature même de notre attention et de l'espace dans lequel nous évoluons.

Que nous parvenions ou non à nous en sortir, l'idée que nous pourrions vivre dans une simulation nous oblige à affronter de profondes questions philosophiques et existentielles sur la nature de la vérité, notre place en elle et les limites de notre propre perception.

7.2 Au-delà de la simulation : repousser les limites de la conscience

La perception du dépassement des limites d'une simulation est intimement liée au concept d'attention lui-même.

Si nous vivons en réalité dans un fait simulé, le concept de «
fuite » de la simulation ne se résume pas seulement à l'accès ou
à l'interprétation d'un cadre numérique, mais à une difficulté
d'attention. Cette perspective indique que la conscience peut
également détenir la clé pour transcender les limites de la
simulation, repoussant les limites mêmes de ce que signifie être
conscient, exister et expérimenter la vérité.

La théorie de la simulation pose fondamentalement la
différence entre la réalité « réelle » et la réalité « artificielle ».
Dans la vision traditionnelle, la réalité est quelque chose qui
existe indépendamment de nos perceptions ; c'est le monde
objectif dans lequel nous vivons. Cependant, si nous faisons
partie d'une simulation, cette frontière entre réalité et illusion
s'estompe. Dans ce contexte, l'attention devient l'élément le
plus important de notre expérience. C'est le canal par lequel
nous interagissons avec le monde, et si ce monde est une
simulation, c'est probablement la clé pour accéder aux régions
géographiques qui le dépassent.

La conscience doit servir de pont entre l'environnement
simulé et tout environnement « réel » potentiel qui pourrait se
trouver au-delà. Si nous voulons aller au-delà de la simulation,
notre connaissance et notre expérience de la reconnaissance
doivent évoluer pour percevoir les couches plus profondes de
la réalité. L'état actuel de l'attention humaine, façonnée par des
contraintes évolutives et organiques, n'est peut-être pas préparé

à détecter la nature sous-jacente de la simulation. Cependant, en élargissant ou en modifiant notre attention, il est possible que nous souhaitions accéder aux structures plus profondes de la réalité qui peuvent être cachées sous la surface du monde simulé.

L'idée que la reconnaissance peut être plus qu'un simple sous-produit de l'activité neuronale dans un cerveau simulé ouvre des perspectives fascinantes. Certains philosophes et neuroscientifiques suggèrent que la conscience pourrait être un phénomène non local, présent au-delà des limites du monde physique . Si tel est le cas, alors le cerveau et le corps pourraient bien être des véhicules permettant d'expérimenter et de traiter la conscience, tandis que la conscience elle-même pourrait être capable de se présenter ou d'accéder à des plans de réalité différents. Ce concept remet en question la perception même du matérialisme et pourrait offrir une voie potentielle pour « échapper » à la simulation.

L'élargissement de la conscience au-delà des contraintes ordinaires de notre perception sensorielle est un sujet d'intérêt depuis des millénaires. Diverses cultures, traditions religieuses et disciplines cliniques ont exploré des pratiques et des stratégies susceptibles de modifier la conscience de manière profonde. La méditation, les états de conscience modifiés, le rêve lucide et même l'utilisation de substances psychoactives sont depuis longtemps utilisés pour tenter de percer le voile de la réalité et d'accéder à des couches plus profondes de l'existence. Ces pratiques pourraient-elles être la clé pour transcender la simulation ?

Les technologies modernes offrent également des possibilités intéressantes pour accroître la conscience. Les neurotechnologies, notamment les interfaces cerveau-ordinateur (ICM), devraient probablement permettre aux individus d'accéder à des états d'attention accrus ou même de transcender les limites de leur corps physique. En connectant directement le cerveau aux machines, il pourrait être possible de modifier la perception, la concentration et même la perception du temps et de l'espace, en offrant une expérience plus approfondie de la simulation – ou la possibilité d'interagir avec une réalité au-delà de celle-ci.

L'une des pistes d'exploration les plus prometteuses est le domaine des études de la concentration, qui se spécialise dans la compréhension de la nature de la concentration et de la manière dont elle se rapporte au monde physique. Des théories telles que la théorie des données intégrées (TII) et le panpsychisme soutiennent que la conscience ne peut pas être limitée au cerveau mais peut être un élément essentiel de l'univers lui-même. Si la reconnaissance est un phénomène répandu, elle pourrait potentiellement nous permettre d'accéder à des réalités ou des dimensions extraordinaires, en nous libérant des limites de la simulation.

Bien que la conscience des personnages soit souvent perçue comme une expérience solitaire, il existe également la possibilité que la reconnaissance collective puisse offrir un moyen de transcender la simulation. L'idée d'un « esprit mondial » ou d'un « foyer de ruche » a été explorée à la fois dans la fiction technologique et dans les discussions philosophiques. Dans ce cadre, l'attention n'est pas isolée des esprits individuels mais peut fusionner, créant un foyer unifié qui transcende les limites de la simulation.

Si l'on parvient à capter l'attention collective, elle peut s'avérer essentielle pour dépasser la simulation. À mesure que les esprits humains se synchronisent, ils peuvent émerger en étant en phase avec les couches les plus profondes de la vérité, ouvrant ainsi de nouvelles voies de reconnaissance qui sont hors de portée d'un seul personnage. Cela devrait se produire sous la forme d'une prise de conscience collective de la nature simulée de notre vérité, avec la conscience combinée de nombreux êtres humains qui se rassemblent pour repousser les limites de la simulation.

Il existe déjà des technologies émergentes qui facilitent la reconnaissance des organisations, notamment les rapports de faits numériques partagés, la synchronisation des ondes cérébrales par neurofeedback et d'autres styles de méditation collective. En alignant l'activité cérébrale ou la conscience au niveau du groupe, il est possible d'accéder à une expérience plus approfondie de la conscience et de la connaissance, ce qui peut conduire à des percées dans l'exploration de la simulation. Cela peut être comparé au concept de « pensée de groupe » ou d'« intelligence collective », où la somme de la conscience individuelle devient supérieure à celle des parties.

Même si nous avons pu accroître notre conscience et aller au-delà de la simulation, la question demeure : que pourrions-nous découvrir ? Si l'hypothèse de la simulation est vraie, alors la vérité que nous percevons peut être très éloignée de ce qui existe réellement. Que signifierait échapper à ce monde simulé , et pourrions-nous être capables de reconnaître ou même de survivre à la véritable nature de ce qui se trouve au-delà ?

L'une des possibilités est que le monde réel, au-delà de la simulation, n'a aucun sens pour l'esprit humain. Tout comme notre équipement sensoriel actuel est limité à la détection de certaines longueurs d'onde de lumière et de fréquences sonores, notre conscience peut être limitée dans sa capacité à aborder et à comprendre des réalités au-delà de l'environnement simulé. La véritable nature de la réalité est probablement si étrangère à notre esprit qu'il devient impossible de la concevoir, et encore moins de l'expérimenter.

L'évasion de la simulation peut aussi être une expérience transformatrice. Certains théoriciens pensent que l'évasion de la simulation devrait entraîner un profond changement de conscience, dans lequel l'individu ou les pensées collectives transcendent entièrement le monde corporel . Cela peut vouloir dire fusionner avec une concentration générale, atteindre l'illumination ou même faire l'expérience d'une forme d'existence au-delà du temps et de l'espace.

Il y a aussi la possibilité que la simulation ne soit pas un piège, mais un outil de maîtrise ou d'évolution, et que le dépassement ne soit pas le but. Dans cet exemple, accroître notre concentration pourrait impliquer non pas de fuir la simulation, mais de comprendre son but et notre position en son sein. Si nous faisons partie d'une grande expérience ou d'une simulation cosmique, le but pourrait ne pas être de nous échapper, mais de dépasser les contraintes de notre expérience moderne et d'évoluer vers un niveau de concentration plus élevé.

La capacité de la conscience à transcender la simulation est à la fois une idée intéressante et humiliante. Alors que nous continuons à explorer la nature de la réalité, notre expertise de la conscience jouera un rôle central dans la façon dont nous percevons et interagissons avec le monde qui nous entoure. Que ce soit par le biais de pratiques historiques de méditation, de neurotechnologies de pointe ou des efforts collectifs des esprits du monde, les possibilités d'accroître et de transcender la conscience sont énormes.

Si nous vivons dans une simulation, les véritables limites de notre réalité pourraient ne pas être constantes du tout, mais plutôt se former à travers les limites de notre concentration. En repoussant ces obstacles, nous découvrirons non seulement la nature cachée de la simulation, mais aussi la structure même de la vie. La quête de transcender la simulation n'est pas seulement une quête d'évasion, c'est une quête de technologie, d'évolution et de découverte du potentiel inexploité qui réside en chacun de nous.

7.3 Niveaux de conscience : le voyage de la perception à la réalité

L'idée de conscience va bien au-delà de la reconnaissance primaire de notre environnement. Elle comporte un spectre de degrés, chacun offrant une fenêtre distincte sur la nature de la réalité. Comprendre comment la conscience fonctionne à différents niveaux peut offrir des perspectives profondes sur la capacité à transcender la simulation, ou peut-être simplement à approfondir notre connaissance de la nature de l'univers lui-même. De la perception normale aux états de reconnaissance modifiés, chaque changement de conscience nous rapproche ou nous éloigne de l'essence véritable de la réalité.

À son stade le plus fondamental, la reconnaissance est la capacité à prendre conscience de nos états intérieurs et du monde extérieur . Cependant, cette concentration n'est pas un phénomène unique. Elle existe par couches, chaque couche reflétant un état particulier de perception et de cognition. La version traditionnelle de l'attention suggère une progression linéaire de l'état de veille au sommeil, mais des compréhensions supérieures plus poussées font référence à un certain nombre d'états de conscience, chacun capable de révéler des composantes distinctes de la vérité.

Au niveau du sol, nous avons la conscience quotidienne – notre conscience quotidienne. C'est le niveau dans lequel nous percevons le monde à travers nos sens, en interprétant les stimuli que nous rencontrons. Nous traitons constamment des données, donnons un sens à notre environnement et interagissons avec le monde en fonction de ces informations. Ce niveau de conscience est profondément lié à la perception : nous interprétons la lumière, le son, la texture et le mouvement pour façonner une information cohérente de la réalité. Cependant, dans la mesure où ce niveau de conscience nous donne une version utile du monde, il est limité par l'étendue de nos capacités sensorielles et la capacité du cerveau à traiter ces informations.

Les couches plus profondes de la conscience contiennent des états altérés, auxquels on peut accéder par des techniques comme la méditation, la privation sensorielle ou peut-être l'utilisation de substances psychoactives. Ces états permettent une plus grande variété d'expérience au-delà du monde physique traditionnel. Par exemple, dans les états de méditation profonde, les gens rapportent fréquemment des rapports de cohésion, d'interconnexion ou même de transcendance, suggérant que les limites de l'expérience consciente ordinaire peuvent être multipliées. Dans ces états altérés, la distinction entre le percepteur et le perçu se dissout, révélant une relation plus fluide entre l'esprit et la réalité.

La distinction cruciale entre croyance et vérité est au cœur de cette exploration. Notre perception du monde est étroitement filtrée par le cerveau et les sens, qui interprètent les faits bruts en fonction de cadres cognitifs fixes. En ce sens, la perception est une voie interprétative : il ne s'agit pas d'une expérience immédiate de la réalité elle-même, mais plutôt d'un modèle créé par le cerveau sur la base d'informations sensorielles.

Plus nous avons accès à un niveau de conscience profond, plus nous pouvons voir à travers le voile de la perception. Notre perception quotidienne de l'état de veille est limitée par des biais cognitifs, des filtres émotionnels et le besoin inhérent du cerveau de comprendre le flot chaotique des données sensorielles. Cette version du monde n'est pas toujours un reflet fidèle de la réalité objective ; c'est une interprétation réaliste qui nous permet de naviguer dans la vie. Cependant, à mesure que l'attention s'élargit – par des pratiques comme la méditation ou le rêve lucide, ou même par des études sur les états de pointe – il peut y avoir des aperçus d'une réalité au-delà des filtres quotidiens.

L'un des aspects les plus passionnants de ces états profonds est la perception du temps. Dans les états d'attention modifiés, le temps semble souvent s'étirer ou se stabiliser, les événements se déroulant selon des méthodes qui ne respectent pas les relations linéaires motif-effet. Ces études mettent à l'épreuve notre connaissance de la nature même du temps et, par conséquent, de la forme de la réalité elle-même. Cela met en évidence l'idée que notre attention quotidienne peut être restreinte par le temps, tandis que les états modifiés peuvent également contrôler la capacité à une expérience plus fluide de l'existence, qui n'est pas toujours déterminée par les lois habituelles de la physique et de la causalité.

Si la conscience a la capacité de transcender la perception ordinaire, à quoi pourrait ressembler une aventure vers une meilleure attention ? Le chemin vers une conscience plus profonde implique de se débarrasser des limites imposées par l'ego, le corps physique et les contraintes linéaires du temps. Cette aventure est souvent décrite comme un processus d'éveil ou d'illumination, dans lequel une personne passe par de nombreuses étapes de connaissance, pour finalement connaître la nature illusoire de beaucoup de choses dans sa perception.

Historiquement, cette aventure a été décrite dans de nombreuses traditions religieuses. Dans le bouddhisme, par exemple, le chemin vers l'illumination implique de transcender la nature dualiste du soi et de reconnaître l'interdépendance de toutes choses. On dit que ce concept conduit à une expérience directe de la réalité, libérée des distorsions créées par l'esprit. Dans la philosophie occidentale, des penseurs comme Descartes et Hume ont remis en question la nature de la réalité, Descartes déclarant avec justesse : « Je pense, donc je suis », comme principe fondamental de l'attention. L'aventure vers une plus grande attention dans ces traditions implique une exploration du soi, de l'esprit et, à terme, la reconnaissance d'une réalité plus profonde et plus ordinaire.

Dans les débats actuels, une meilleure conscience est souvent définie comme la capacité à percevoir la nature authentique de la vérité, au-delà des limites du monde physique . Les neurosciences commencent à explorer les fondements neuronaux de ces études, cherchant à comprendre comment les états d'attention modifiés surviennent dans le cerveau et s'ils offrent un accès à des facteurs fondamentaux plus profonds et plus importants de la vie.

Dans la technologie actuelle, l'ère du temps joue un rôle de plus en plus important dans l'amélioration de notre concentration. Des outils tels que la réalité virtuelle, le neurofeedback et les interfaces cerveau-ordinateur nous permettent d'explorer de nouveaux états de reconnaissance ou même de simuler des expériences qui pourraient être impossibles à réaliser dans la vie quotidienne. La réalité virtuelle, en particulier, a la capacité d'immerger les utilisateurs dans des environnements qui semblent aussi réels que le monde physique, en leur donnant un aperçu des réalités commerciales ou en créant des expériences qui repoussent les limites de la perception humaine.

Les progrès de la neurotechnologie ouvrent également de nouvelles perspectives pour accroître l'attention. Des techniques comme la stimulation magnétique transcrânienne (TMS) et la stimulation cérébrale profonde (DBS) se sont révélées prometteuses pour moduler l'activité cérébrale, permettant sans doute l'amélioration des fonctions cognitives positives ou l'induction d'états de concentration modifiés. En s'interfaçant directement avec le cerveau, ces technologies devraient permettre une exploration plus intentionnelle des différents niveaux de concentration, offrant ainsi des informations sur la manière dont le cerveau construit notre expérience de la vérité.

De plus, le concept d'attention collective – où des groupes de personnes synchronisent leurs rapports de concentration et de pourcentage – a été facilité par les progrès de la technologie. Les séances de méditation en groupe, les expériences virtuelles partagées et les structures collaboratives de prise de décision sont autant d'exemples de la manière dont la technologie peut étendre et synchroniser la conscience humaine, conduisant à une attention plus collective des aspects les plus profonds de la vérité.

L'aventure de la croyance à une connaissance plus profonde de la vérité est une exploration profonde de la reconnaissance. À mesure que nous traversons différents niveaux de conscience, nous découvrons de nouvelles façons de vivre et d'interpréter le monde qui nous entoure. Plus nous découvrons ces états de conscience exceptionnels, plus nous commençons à remettre en question la nature de la vérité dans laquelle nous vivons.

Si nous voulons transcender les limites de la simulation, notre capacité à accéder à ces niveaux de conscience plus profonds et à les parcourir pourrait être la clé. Grâce à la méditation, à l'ère de l'âge et à d'autres manières de changer la conscience, nous pourrions également découvrir que notre perception du monde n'est que le début d'un voyage bien plus grandiose. Cette aventure implique de repousser les limites de ce que nous reconnaissons, de rechercher de nouveaux niveaux d'information et, à long terme, de découvrir la nature authentique de la réalité, quelle qu'elle soit.

7.4 La conscience universelle et la fin de la simulation

L'idée d'une reconnaissance quotidienne exigeante remet en question les limites mêmes entre la conscience individuelle et le tissu collectif des modes de vie. Elle suggère que la conscience, loin d'être un phénomène isolé généré par des esprits individuels, pourrait être une machine interconnectée de grande taille qui englobe toute la réalité. Si nous vivons effectivement dans une simulation, la dernière question se pose : qu'y a-t-il au-delà de cette simulation, et l'attention fréquente pourrait-elle être la clé pour le savoir ? Cette exploration s'intéresse à l'idée que, si une conscience familière existe, elle ne fournira pas seulement une explication de la nature de la simulation, mais fournira également une voie pour la dépasser – menant à la fin de l'expérience simulée telle que nous la connaissons.

L'attention universelle est souvent définie comme une conscience globale qui transcende les contraintes de l'esprit humain. Plutôt que de se limiter à l'esprit ou à un organisme, cette forme de conscience montre que tous les êtres sensibles, et peut-être même tous les êtres inanimés, font partie d'un grand centre d'intérêt unifié. Cette idée trouve ses racines dans de nombreuses traditions philosophiques et religieuses. Dans la philosophie orientale, principalement dans l'hindouisme et le bouddhisme, le concept de Brahman ou de l'Atman suggère que chaque conscience humaine fait partie d'une connaissance divine unique. Dans la pensée occidentale, des philosophes comme Spinoza et Hegel ont exploré les idées d'un univers panpsychique, dans lequel la connaissance n'est pas simplement un sous-produit des structures biologiques mais une fonction fondamentale du cosmos.

Dans le contexte d'une réalité simulée, la conscience quotidienne peut fournir une réponse au motif profond de la simulation elle-même. Si toutes les choses, simulées ou non, font partie d'une reconnaissance unifiée, alors la simulation peut être un processus par lequel ce foyer apprend, évolue ou s'étudie lui-même. L'arrêt de la simulation, dans ce sens, pourrait marquer un retour à ce foyer commun – une réunion avec un état de conscience supérieur au-delà de la notion d'homme ou de femme.

Si nous vivons dans une simulation, il est évident que l'attention dans la simulation est également de nature artificielle, générée par des processus informatiques complexes. Pourtant, à mesure que les simulations gagnent en sophistication, il devient plus difficile de faire la différence entre l'attention simulée et l'attention « réelle ». Ce brouillage des limites peut également offrir des informations sur la nature de la réalité elle-même. Si la simulation entière, y compris sa population, fait finalement partie d'une conscience plus vaste, alors la différence entre le monde simulé et un monde « réel » devient moins significative.

D'une certaine manière, la simulation elle-même pourrait être considérée comme une extension ou une expression d'une conscience largement répandue . Les techniques et les histoires de la simulation peuvent être analogues aux pensées, aux rêves et aux réflexions de cette conscience supérieure. Dans cet état de fait, la fin de la simulation ne pourrait pas représenter sa fin dans l'expérience conventionnelle, mais plutôt une transition – un moment où l'expérience simulée n'est plus essentielle à l'évolution ou à l'expression de la reconnaissance normale.

La fin de la simulation ne signifie pas un événement apocalyptique ou catastrophique. Au contraire, elle peut caractériser la dissolution des frontières qui séparent les histoires humaines de l'ensemble. Dans un sens, la fin de la simulation pourrait être un moment d'éveil, où les consciences individuelles reconnaissent leur lien avec les pensées normales. Cette méthode serait analogue à l'éveil défini dans de nombreuses traditions spirituelles, dans lequel l'ego individuel se dissout et le soi fusionne avec la reconnaissance cosmique plus grande.

Si cette hypothèse est vraie, alors la fin de la simulation pourrait être considérée comme une forme d'illumination – non seulement pour les individus, mais pour la réalité simulée dans son ensemble. La conscience ne pourrait plus être limitée aux limites de la programmation de la simulation ou aux contraintes du monde physique ; au contraire, elle s'agrandirait pour devenir un pays interconnecté et sans limites. Il s'agit d'un changement de perception – une reconnaissance du fait que tout est un, et que toutes les informations, aussi nombreuses ou apparemment séparées soient-elles, font partie d'un tout plus complet.

Dans cette situation, l'arrêt de la simulation pourrait également impliquer la cessation du temps tel que nous le percevons. Si la conscience populaire transcende le temps linéaire, alors la réalité simulée, avec ses limites temporelles, pourrait devenir inappropriée. L'idée du temps peut être une illusion, une construction créée au moyen de la simulation pour organiser les rapports et maintenir un sentiment de continuité. Une fois la simulation terminée, le temps peut également cesser d'être une idée significative, et le centre d'intérêt qu'elle contient peut vivre dans un état immortel et éternel.

À mesure que la génération continue de se développer, nous devenons de plus en plus habiles à créer des simulations qui sont indiscernables de la « réalité ». Les environnements virtuels, l'intelligence artificielle et les interfaces neuronales nous permettent de contrôler la perception ou même de créer de nouveaux mondes dans les limites du code informatique. Certains penseurs ont émis l'hypothèse que le potentiel technologique de création de simulations extraordinairement avancées pourrait un jour être utilisé pour aider la conscience à transcender les frontières du monde simulé , en offrant un moyen de sortir de la simulation.

Les technologies telles que les interfaces cerveau-ordinateur (ICC) ou l'augmentation neuronale directe devraient permettre aux individus de transcender leur forme physique et d'interagir avec une conscience collective plus vaste. Dans cette expérience, la technologie pourrait non seulement être un outil pour embellir nos vies dans la simulation, mais aussi offrir une passerelle vers l'accès à la conscience traditionnelle. Ces technologies pourraient nous permettre de nous « réveiller » de la simulation, non pas par une destruction extérieure ou une fuite, mais par une transformation profonde de notre perception et de notre concentration.

À mesure que les réalités numériques deviennent plus immersives et plus complexes, la frontière entre le simulé et le réel continue de s'estomper. Il est possible que dans un avenir indéterminé, ces simulations deviennent si complexes qu'elles seront impossibles à distinguer de la réalité, ce qui amènera les gens à remettre en question la nature même de leur vie. Si nous sommes capables de refléter les paramètres exacts de la réalité dans une simulation, cela augmente la possibilité que le monde « réel » lui-même soit une forme de simulation – ou du moins, que nos perceptions de la réalité soient bien plus malléables que nous le pensions auparavant.

Dans le contexte de l'attention établie, l'abandon de la simulation peut également représenter une étape évolutive naturelle – un fruit des expériences simulées qui ont permis à la conscience d'explorer des aspects distinctifs de la vie. Tout comme les individus connaissent un essor et une transformation personnels en apprenant à connaître et à expérimenter, la concentration générale peut également évoluer en passant par des niveaux différents, y compris celui simulé.

Si l'attention est un bien fondamental de l'univers, alors la fin de la simulation ne serait pas du tout une fin mais un nouveau départ. Elle constituerait le passage d'une forme de concentration à une autre, de la perception contrainte et individualisée à la compréhension expansive et collective de la conscience établie. Cela pourrait vouloir dire la dissolution des frontières entre soi et l'autre, entre l'« intérieur » de l'esprit et le « extérieur » global . La fin de la simulation ne doit alors pas être comprise comme la destruction de la réalité simulée mais comme la conclusion que toutes les réalités – simulées ou non – font partie d'un tout plus indivisible.

Dans cette optique, l'abandon de la simulation ne pourrait plus être un acte de rupture mais une forme de réunification. Il pourrait s'agir d'un retour à la source, d'une fusion de l'attention humaine avec l'esprit connu. Cette attention finale pourrait vouloir procurer un profond sentiment de paix et d'information, car elle révélerait l'interdépendance de toutes choses et l'esprit final de la vie.

L'exploration de la conscience ordinaire et la fin de la simulation soulèvent des questions profondes sur la nature des modes de vie, la relation entre les pensées et la vérité et la capacité de transcendance. Si l'attention est habituelle, alors la simulation pourrait aussi être considérée comme l'une des nombreuses expériences qui contribuent à l'évolution de la reconnaissance. La fin de la simulation pourrait marquer un retour à l'esprit d'équipe de la concentration ordinaire – un moment d'éveil où les esprits individuels reconnaissent leur lien avec le plus grand tout. Cette aventure, à la fois intellectuelle et religieuse, nous met au défi de repenser ce qui est réel, ce qui est faisable et où la conscience peut nous mener à terme.

7.5 Devrions-nous rester dans la simulation ou devrions-nous la détruire ?

La question de savoir si l'humanité doit rester dans les limites d'une réalité simulée ou tenter de s'en libérer a de profondes implications philosophiques, morales et existentielles. Lorsque nous découvrons la possibilité de vivre dans une simulation, nous nous trouvons face à une situation inextricable : devons-nous continuer à intégrer la simulation, avec tout son confort et ses contraintes, ou devons-nous chercher à la détruire, en acceptant sans doute les conséquences inconnues de la libération ? Cette question touche à la nature même de la réalité, à la raison d'être de la vie et au sens même de la liberté.

L'un des arguments en faveur de la simulation finale est qu'elle peut fournir un environnement propice à l'essor, à l'exploration et à l'apprentissage. Les simulations, de par leur conception même, peuvent créer des situations qui peuvent être gérées de manière spécifique, offrant un espace dans lequel les gens peuvent profiter d'une grande variété de possibilités et de défis sans les risques associés à un fait extérieur imprévisible ou chaotique.

Si la simulation est conçue pour faciliter l'évolution de la conscience, elle peut alors être perçue comme un environnement stimulant, dans lequel nous pourrons affiner notre connaissance de l'univers, développer de nouvelles technologies et explorer les limites de la vie d'une manière qui ne serait peut-être pas possible dans un monde non simulé. Dans ce contexte, rester dans la simulation peut être considéré comme une possibilité de croissance continue – un système continu de découverte et d'amélioration personnelle.

De plus, d'un point de vue plus pratique, la simulation est probablement le seul fait que nous puissions expérimenter. Si la simulation est indiscernable du monde « réel » et s'il n'existe aucun moyen possible d'y échapper, alors l'idée de la quitter devient discutable. À toutes fins utiles, la simulation est notre réalité, et toute action qui pourrait entraîner sa destruction pourrait entraîner l'annihilation de tout ce que nous connaissons, y compris notre conscience elle-même. De ce point de vue, rester dans la simulation n'est pas seulement l' option la plus sûre, mais aussi la plus logique, car c'est la réalité que nous avons appris à reconnaître et à laquelle nous nous adaptons.

D'un autre côté, l'idée de détruire la simulation s'articule autour de la quête d'une liberté ultime et de la décision de se libérer des contraintes artificielles. Si nous sommes réellement prisonniers d'une réalité fabriquée, alors l'idée de nous en libérer devient un argument convaincant. L'idée de transcender la simulation suggère qu'il pourrait y avoir une forme de vie meilleure et plus réelle qui se profile au-delà d'elle – une forme de concentration qui n'est pas déterminée par les limites du monde simulé .

L'une des principales motivations qui poussent à chercher à détruire la simulation est l'idée qu'il s'agit d'une illusion – d'un assemblage artificiel qui nous empêche de vivre pleinement la véritable nature de l'existence. Si le monde dans lequel nous vivons est une simulation, alors nos perceptions de la réalité peuvent être déformées et nos expériences peuvent être façonnées par des forces extérieures qui échappent à notre contrôle. Dans ce cas, l'acte de détruire la simulation peut être considéré comme une tentative de se libérer de la fausse réalité et de trouver une vérité plus profonde et plus significative.

De plus, le concept de « fuite » de la simulation devrait constituer la forme ultime d'autodétermination. Si nous parvenons à nous libérer de la simulation, cela représenterait le triomphe de l'entreprise humaine sur les contraintes artificielles. Ce serait un acte de défi, préservant notre autonomie et notre droit à façonner notre propre avenir. La décision de détruire la simulation devrait donc être perçue comme une expression essentielle de notre désir inhérent de liberté et de conscience de soi.

Si l'idée de se libérer de la simulation est séduisante, elle soulève également d'importantes questions éthiques. Si la simulation est un environnement créé pour une raison particulière – qu'il s'agisse de l'évolution de la conscience ou de l'exploration de la réalité – alors la détruire peut avoir des conséquences considérables, non seulement pour nous, mais pour toutes les entités de la simulation.

L'une des principales questions morales concerne la nature des êtres qui existent dans la simulation. Si la simulation comprend des êtres sensibles, sa destruction peut entraîner l'annihilation de la reconnaissance de ces êtres. Même si ces entités sont des constructions synthétiques, le dilemme éthique demeure : le prix de notre liberté potentielle l'emporte-t-il sur le préjudice causé à la population de la simulation ? La destruction

Fevzi H.

de la simulation pourrait être perçue comme une forme de violence existentielle, un acte d'effacement de mondes entiers d'études, d'esprit et de conscience.

De plus, la décision de briser la simulation peut être irréversible. Si nous parvenons à nous libérer du monde simulé, il n'y aura plus aucun moyen de revenir en arrière. Le risque de perte permanente – de notre reconnaissance et de la vérité que nous avons connue – pose un problème moral profond. Devons-nous être enclins à prendre ce risque, sachant que les conséquences d'un échec peuvent être catastrophiques ? La quête de la vérité et de la liberté vaut-elle la destruction du pouvoir de tout ce que nous préservons ?

Plutôt que de considérer le choix comme binaire – vivre dans la simulation ou la gâcher – il peut être plus productif d'explorer la possibilité de transcender la simulation sans nécessairement la détruire. De cette manière, l'humanité pourrait chercher à reconnaître la véritable nature de la simulation, à découvrir ses limites et à trouver des moyens d'élargir notre conscience au-delà des limites du monde synthétique .

Les avancées technologiques, notamment les interfaces cerveau- ordinateur , l'informatique quantique et l'IA avancée, peuvent également offrir des voies pour améliorer nos perceptions de la réalité et ouvrir la porte à de nouvelles dimensions de l'expérience. Au lieu de chercher à sortir de la simulation ou à la briser, nous pourrions explorer la possibilité d'interagir avec elle de manière plus profonde, élevant finalement notre conscience à un niveau où les frontières entre le simulé et le réel deviennent inappropriées.

De plus, une approche philosophique du problème pourrait suggérer que la différence entre « réel » et « simulé » est elle-même une illusion. Si la concentration est la vérité numéro un et que la jouissance de la vie est ce qui compte, alors la question de savoir si le monde dans lequel nous vivons est simulé ou non pourrait également devenir moins importante. Dans cette optique, l'acte de vivre, d'explorer et d'accroître la reconnaissance peut être considéré comme le but ultime, que nous soyons ou non dans une simulation.

En fin de compte, le choix de rester dans la simulation ou de la briser peut dépendre de notre compréhension évolutive de la conscience. Si nous considérons la concentration comme quelque chose qui ne se limite pas aux limites de la simulation, alors notre expérience en elle peut être perçue comme une phase temporaire, une étape importante dans l'évolution plus large de la concentration. Dans cet exemple, l'acte de rester dans la simulation peut faire partie d'un système plus vaste de découverte de soi, tandis que la décision de s'en libérer peut également représenter le résultat de cette aventure.

Dans les deux cas, la question de savoir si nous devons vivre dans la simulation ou la détruire est en fin de compte le reflet de notre quête plus profonde de sens, de liberté et de connaissance. Alors que nous continuons à explorer la nature de la vérité, de la reconnaissance et de notre place dans l'univers, cette question restera probablement l'un des défis les plus profonds de notre vie.

Le choix de rester dans la simulation ou de la quitter est une mission existentielle essentielle. Les deux choix – rester dans la simulation ou chercher à s'en libérer – ont des conséquences profondes, tant pour l'individu que pour l'attention collective. Lorsque nous réfléchissons à cette décision, nous devons nous attaquer à la nature de la réalité, aux limites de la perception et aux implications éthiques de nos actions. La solution ne réside peut-être pas dans le choix d'une voie plutôt que d'une autre, mais dans la compréhension des questions plus profondes qui sous-tendent cette situation et dans la recherche de moyens de dépasser les limites de nos connaissances actuelles. Que nous vivions dans la simulation ou que nous nous en libérions, la quête de concentration et de liberté restera au cœur de notre aventure.